마음정원

마음정원
자연이 그랬어, 마음을 보라고

2024년 5월 15일 초판1쇄 발행
2024년 7월 15일 초판3쇄 발행

지은이 한성주 | 펴낸이 이찬규 | 펴낸곳 북코리아 | 등록번호 제03-01240호
주소 13209 경기도 성남시 중원구 사기막골로45번길 14 우림2차 A동 1007호
전화 02-704-7840 | 팩스 02-704-7848
이메일 ibookorea@naver.com | 홈페이지 www.북코리아.kr
ISBN 978-89-6324-623-9 (03190)
값 19,000원

마음정원

한성주 지음

자연이 그랬어, 마음을 보라고

Horticulture therapy

북코리아

추천의 글

《마음정원》은 친절하다. 그리고 솔직하다. 저자의 친절하고도 솔직한 'Being'을 담고 있기 때문이다.

저자의 Being은 인간의 삶 속에 자리한 다양한 모순들을 이제는 넉넉히 끌어안고 있는 것 같다. 그녀의 Being을 품고 있는 그녀보다 훨씬 큰 Being인 'Imago Dei(Image of God: 하나님의 형상)'를 반영하고 있기 때문이다.

이웃과의 건강한 거리를 유지하면서도 서로 연결되고, 경험을 통해 배우면서도 경험으로만 미래를 재단하지는 않는, 약점을 경시하지 않으면서도 약점 때문에 불행해지지 않는 건강한 리듬을 누리며 살아가고 있는 저자는 자신의 정원을 독자들에게 강매하지 않는다. 대신, 향기 없는 조화(造花)가 아닌, 생생하게 살아서 더할 나위 없이 귀한 향기를 내뿜는 자신의 고유한 정원을 가꿀 수 있도록 독자들을 돕는다. 고유하지만 자신에게도 부지런히 말을 걸고, 세상과도 원활하게 소통하는 정원사가 되도록 우리를 돕는다.

조은아 고든콘웰신학대학원 부교수/고든콘웰인스티튜트 학장

자연은 스스로 치유한다. 자연에서 자라는 생명체들은 대자연의 돌봄 속에서 생명을 싹틔우고 자연의 치유를 통해 성장한다. 저자는 자연에서 태어난 생명체 그 자체가 되어 자연으로 들어가 심신의 건강을 회복하고 치유하며 경험한 생생한 삶을 글로 잘 담아내어 마음의 정원을 가꾸었다.

이 책을 읽으면 저자가 원예치료를 전문적으로 공부하는 과정에서 어느새 자신만의 마음정원을 가꾸어나가고 있음이 그려진다. 자연을 가꾸면서 놀라운 심리적 치유를 경험한 저자는 그 경험을 나누고자 자연을 가꾸는 정성스러운 마음으로 한 자 한 자 글을 채우며 마음의 정원을 가꾸었을 것이다. 그래서 나는 이 책을 한 원예치료 전문가의 치유적 고백이라 부르고 싶다.

저자의 이야기는 현대의 경쟁적이고 각박한 삶에서 상처받은 사람들에게 던져주는 따뜻한 희망의 메시지로 다가온다. 특히 이 책은 그녀가 정원을 가꾸며 겪은 마음의 변화를 자연스럽고 담담하게 묘사하고 있어 더 매력적인지도 모른다. 화려하지 않지만 순박하고 따뜻한 정원에서 지난 시절 자기도 모르게 잠들어버렸던 순수한 가슴을 깨우는 생생한 과정이 담겨 있다. 그리하여 이 책을 읽는 모든 이들은 아마도 그녀와 함께 자신만의 마음정원을 가꾸어나가는 치유의 경험을 맛보게 될 것이다. 마음의 쉼을 경험하길 원하는 사람, 그리고 자신을 사랑하고 존중하고자 하는 사람들에게 이 책을 꼭 읽어보길 권한다.

천성문 부경대학교 교수/전 한국상담학회장

요새 풀 냄새를 맡기 쉽지 않습니다. 그러다가 공원에서 풀을 치거나 조경을 관리하면서 날려오는 향에 예전 기억들이 스쳐 지나가기도 합니다. 특히 어린 시절 풀숲에서 놀았을 때의 분위기나 향, 촉감, 아이들의 웃음소리, 먹었던 아이스크림 등 오감이 살아나고 또렷해지기도 합니다.

치매나 뇌기능 저하를 겪는 분들은 최근 일은 잘 잊어버리지만 아주 오래된 아득한 기억이나 아련한 정서는 그대로 간직하고 계십니다. 그래서 저희 병원에서는 치매나 뇌기능 저하의 재활치료로 오감을 자극하는 방법을 활용하고 있습니다. 오감을 자극하고 신체활동을 활발히 하면 치매 진행 속도가 늦춰지거나 뇌신경 손상으로 인한 후유증이 좋아지기도 합니다.

그런 면에서 한성주 박사의 원예치료는 탁월한 접근법이라고 할 수 있겠습니다. 저자의 말씀처럼 원예치료를 함으로써 오감을 자극하면서 자연을 거닐게 되니 마음의 평화와 회복을 자연스럽게 기대해 볼 수 있겠습니다. 또한 저자가 남들의 시선에서 보는 조화가 아니라 스스로 꽃 향을 내뿜는 자아를 찾아가는 에피소드를 담담히 서술하여 더욱 깨달음이 생생하게 전달되었습니다.

이 책은 식물을 통해 건강을 회복하고 유지할 수 있는 방법을 알려주며, 궁극적으로 자아를 찾아 삶의 질을 높여주는 데 많은 도움이 되리라 생각합니다.

여석곤 수원센텀병원 병원장/신경외과 전문의

정신과 의사로 일하다 보면, 약물치료 말고 스스로 마음을 회복할 수 있는 방법을 묻는 환자들이 많다. 그럼 나는 의사로서 주저하지 않고 원예치료를 추천한다. 그리 거창할 필요도 없다. 그저 나무와 잎에 눈 맞추고 진심으로 오롯이 그들을 느끼면 된다. 그것으로 이미 치유는 시작됐다. 생명이라는 엄청난 힘이 당신을 끌어당겨 말 걸고 위로하는 신비한 경험을 하게 될 것이다.

갓 피어난 어린 잎을 자세히 들여다보면, 무척 얇고 부드러우며, 투명하리만큼 옅은 연둣빛이다. 아름답고 경이롭다. 반면 오래된 잎은, 수없이 많은 광합성을 통해 짙은 녹색을 띠는데, 여기저기서 긁힌 자국이 무색할 정도로 두텁고 견고하다. 이들은 각자의 자리에서 한 나무를 이뤄야 한다. 우리의 삶도 이와 다를 바 없다. 갓 태어난 여린 잎도, 오래된 잎도 누구나 겪는 인생의 한 시절이다.

누가 봐주지 않아도 생명은 묵묵히 자라야 하며, 세월을 버티면 상처도 나를 해치지 못한다. 자연이라는 치유자는 누구보다 따뜻하고, 언제나 당신 곁에 있다. 그들에게 묻는다면, 어느새 당신은 지금 이 순간의 진정한 나와 마주하고 서 있을 것이다.

나해란 정신건강의학과 전문의

우리 모두 저마다의 아픔이 있다. 그리고 모두 그것을 해결해가기 위해 각자의 방법으로 노력한다.

원예치료 정의에서 '사람의 몸과 마음, 영혼을 개선시키기 위해 식물과 정원활동을 이용하는 과정'을 이야기하는데, 정원을 가꾼다는 것은 그 안에 있는 식물을 직접 돌봐야 하기에 생각에서 그칠 수 없는 일이다. 일어나 움직여 정원에 나와, 물을 주고 풀을 뽑아야 하는 참여정원이기 때문이다. 정원은 정원을 가꾸는 정원사를 건강하게 하여 정원 스스로도 건강해지려는 인간과 정원의 자연건강의 순환을 만드는 중요한 매개체이기도 하다.

마음의 정원을 가꾸는 것도 마찬가지다. 마음에서 자신을 향해 자라나는 소망 없는 이야기는 뽑아내고 희망을 심고 물을 주는 것처럼 말이다. 그래서 원예치료는 자연에서 나를 회복하기 위해 진행되는 과정을 담는다.

한성주 박사와의 만남은 북한 이탈주민을 대상으로 한 원예치료 현장에서였다. 대상자를 만나기 전에 정말 꼼꼼하게 하나하나 준비하는 모습이 눈에 들어왔다. 마음의 정원에서부터 시작되는 자신의 회복을 다른 사람에게도 전해주고 싶어하는 마음이 느껴졌다. 물리적인 정원에서 원예치료를 적용하면서 한 박사님의 마음정원에도 방문하게 되었고 이제는 원예치료를 함께 공부하는 편안한 친구가 되었다.

원예치료를 학교에서 가르치고 있는 사람으로 이 책은 학문적 지식을 근거로 마음의 회복에 대하여 이야기하는 실제 적용서라 할 수 있다. '원예치료가 뭘까?'라고 생각하는 사람들에게 자연스럽게 문을 열어주고 마음정원에 한 송이의 꽃이 필 수 있도록 돕는 책이라고 생각한다. 많은 독자들에게도 소중한 마음정원을 만드는 기회가 되기를 바란다.

장유진 고려대학교 생명환경과학대학원 연구교수

몸에 난 상처는 아물면서 흉터를 남긴다. 그러나 마음에 난 상처는 쉽게 아물지도 않으면서 평생을 괴롭히기도 하고, 들춰내 생각할 때마다 오히려 상처가 악화되며 처음보다 마음을 더욱 아프게 하기도 한다.

최근 들어 그런 마음의 병이 있는 사람들의 충동적 범죄 뉴스도 부쩍 증가하고 있다. 이제 더 이상 눈에 보이지 않는 상처라고 해서 방치해서는 안 되는 상황까지 오게 된 듯하다. 때마침 작가는《마음정원》이란 책을 통해 마음의 상처를 치료하기 위한 방법으로 자연과 함께하는 원예치료법에 대해 소개하고 있다. 아직은 많은 사람들에게 낯선 개념이지만, 간단히 말하면 작은 정원에서 식물을 키우며 교감하다 보면 자연스럽게 마음의 상처가 치유될 수 있는 오랜 치료 방법이라고 한다.

의학서적이 아님에도 불구하고 이 책에서 전하는 원예치료법이 절실히 와닿았던 이유는 아마도 작가의 경험과 그 회복과정을 토대로 저술되었기 때문이라고 생각한다. 한순간에 많은 것을 잃어버려 마음에 큰 상처를 입은 경험과 이후 어린 시절부터 함께해온 신앙과 자연을 통해 이를 회복하는 과정, 원예치료법을 통해 타인의 아픔까지 달래주려고 노력했던 일 등, 한 줄 한 줄 읽다 보면 어느새 감정이입이 되며 내 마음의 상처까지 조금씩 회복되는 것처럼 느껴졌다.

큰 상처를 받게 되는 순간에는 아무것도 보이질 않는다. 그러나 그 상처를 미리 알고 피할 수도 없다. 상처는 예고 없이 찾아오기 때문이다. 중요한 것은 상처받은 이후다. 지금 상처받고 아파하는 이가 있다면 이 책을 추천하고 싶다. 치료정원은 꼭 들과 산에만 있는 것은 아니다. 우리 마음속의 정원에서 꽃을 피우고 가꾸며 회복할 수 있도록 이 책이 도와줄 것이다.

오랜 벗 이경배 고려대학교 정치외교학과

하이힐에 멋진 드레스, 도시의 화려한 조명이 어울리는 도도한 셀럽 이미지의 그녀는 맨발에 시골 산길을 뛰어다니는 들장미 소녀 같은 털털함을 가졌다. 손 하나 까딱하지 않을 것 같은 까칠한 부잣집 외동딸 같아 보이는 그녀는 무거운 짐을 이고 지고 다니며 다른 사람들을 챙기는 따뜻한 마음을 가졌다.

그녀는 몸이 고단하고 힘든 상황에서도 타인의 고단함을 살피고 보살필 줄 알고, 불합리하고 부적절한 환경에서도 불평하고 원망하기보다는 이해하며 품을 줄 아는 멋진 여성이었다. 세상과 사람을 보는 눈과 마음이 좁거나 편협하지 않고 넓고 따뜻해서 좋았고, 고마움과 감사함을 표현함이 넉넉해서 좋았으며, 항상 남을 위해 양보하고 베풀 줄 아는 사람이어서 만날 때마다 행복하게 해주는 좋은 사람이었다.

세상 사람들이 다 알다시피 그녀의 외모는 두말할 것 없이 미스코리아다. 하지만 그녀를 아는 사람들은 안다. 그녀는 외모와는 참 많이 다르다고. 알려진 외모보다 더 멋지고 성숙한 사람이란 걸.

이 책을 읽으면서, 나는 진정한 그녀를 볼 수 있었고, 느낄 수 있었다. 그리고 그녀가 하는 일이 너무나 그녀와 어울리는 일임을 확인할 수 있었다. 부디 이 책이 많은 분들에게 널리 읽혀 눈에 보이는 그녀의 외면의 화려한 아름다움이 아닌 진정한 그녀의 따뜻한 아름다움을 알게 되길 바라며, 그녀가 더 많은 힘든 분들에게 희망과 도움이 될 수 있기를 바란다.

나의 사랑하는 성주야. 너의 순간순간에 기쁨과 행복이 넘치고, 너와 너의 주변이 사랑으로 가득 차길 누구보다 소망한다. 그리고 너와 나의 남은 인생에 서로의 기쁨과 위로가 되길 소원해본다.

김현지 고려대학교 동기

프롤로그: 자연이라는 의사를 만나다

20세기 중엽, 노벨문학상을 수상한 헤르만 헤세(1877-1962)는 《데미안》, 《유리알 유희》, 《수레바퀴 아래서》 등의 작품으로 우리에게도 친숙한 작가이다. 하지만 따뜻하고 영적인 작품들을 남긴 헤세가 어려서부터 정신적으로 엄청난 어려움을 겪고 세상과 갈등을 일으키며 고통받았다는 사실은 잘 알려져 있지 않다.

그는 학창 시절 신학교를 중퇴하고, 자살기도를 했으며, 일반 학교에서도 퇴학을 당하고 17살에 시계 공장의 견습공으로 일하는 등 방황의 연속인 어린 시절을 보냈다. 1·2차 세계대전을 통해 인간성이 상실된 전란을 겪으면서 히틀러에 반대했는데, 애국주의에 휩싸인 자국민들로부터 엄청난 지탄을 감수해야만 했다. 아내는 정신분열증에 걸렸고 자신도 정신병 치료를 받았다. 이때 만난 심리학자 카를 구스타프 융이 많은 도움이 되었고, 자기 작품의 원천이 되었다고 한다. 융과 함께 그를 고통에서 구원해준 또 하나의 의사가 있었으니, 그것은 바로 '자연'이다.

헤세는 이사 갈 때마다 반드시 자신만의 정원을 만들었다고 한다. 해바라기에 물을 주고, 토마토 가지를 묶는 등 정원을 가꾸며 자연과의 교감을 통해 생체 리듬을 회복하고, 영혼의 평화를 되찾을 수 있었다고 고백했다.

헤세는 〈정원 일의 즐거움〉이라는 글을 통해 이렇게 탄식했다. "나는 질서정연한 자연의 순환을 자명한 사실로, 본래 내밀하고 아름다운 것으로 받아들인다. 씨앗을 뿌리고 수확을 하는 순간, 유독 인간만이 사물의 순환에서 제외되어야 한다는 것은, 얼마나 이상한가를 생각한다. 자기만의 것, 별나고 특별한 것을 소유하려는 인간의 의지가 기이하게 여겨진다."

헤세가 뛰어난 영감으로 정신적 안식을 주는 작품을 남길 수 있었던 것은 이렇게 자연을 가까이하고, 언제든 자연을 통해 심신의 건강을 회복할 수 있었기 때문이다. 자신만의 정원을 가꾸면서 자신의 마음도 정원처럼 아름답게 가꿀 수 있었기 때문이라는 것이다.

이 책 《마음정원》은, 자연과 함께했던 헤세처럼 우리의 마음을 아름다운 정원으로 가꿔나가는 것에 관해 원예치료와 심리학 이론을 바탕으로 나의 개인적인 경험들과 철학을 중심으로 보다 쉽게 이해하고 활용할 수 있도록 서술하였다.

이 책은 전체 3부로 구성되어 있다. 1부는 '나에게 말 걸기', 2부는 '세상과 관계 맺기', 3부는 '내면의 정원 가꾸기'이다.

1부는 잃어버린 본래의 나를 돌아보고 온전한 나 자신을 복원하는 과정을 담았다. 그리고 2부는 세상 속에서 상처받은 내가 어떻게 건강하게 관계 맺을 것인가에 대한 내용이다. 마지막 3부는 이렇게 건강을 되찾은 내가 한결같이 평온함을 유지하면서 일생을 살아갈 수 있도록 바른 가치관을 세우고 유지하는 것에 관한 내용이다. 그리고 이 모든 것은 자연의 치유력, 내가 겪어온 삶의 행로, 그 길에서 만난 다양한 인간 군상들에 관한 이야기들과 연결되어 있다.

나는 이 책을 쓸 때 가상의 독자를 상정했는데, 그 독자는 회색빛 도심과 세상, 사람들과의 관계 속에서 상처받고 병든 현대인이다. 정신적으로는 치열한 경쟁 속에서, 물리적으로는 서울과 지방을 가릴 것 없이 오염된 환경 속에서 살아가는 현대인들은 자신도 모르게 심신이 병들 수밖에 없다. 더 문제인 것은 이미 그 생활에 젖어들어 마치 마취주사를 맞은 것처럼 자신이 고통받고 있다는 사실조차 모르는 것이다. 그러다 큰 질병이나 사건사고를 겪고 나서야 자신에게 얼마나 문제가 많았는지 깨닫게 되고, 후회를 남기게 된다.

그래서 이 책은 독자 여러분이 나와 같이 자연과 함께하는 삶을 살아가면서 더 평안하고 건강해지기를 바라는 목적으로 집필했다. 물론 내가 원예치료를 전공한 것도 한몫했을 것이다. 그렇지만 원예나 원예치료는 자연과 더불어 행복하게 살아가기 위한, 가장 유용한 도구의 하나일 뿐이다.

비단 원예라는 방식 하나에만 얽매이지 않더라도 자연을 가까이하고 자연과 교감하는 삶을 살아간다면, 상처 입은 자신을 언제든 치유하고 힐링할 수 있으므로, 일생 건강한 삶을 살아가는 데 큰 보탬이 될 것이라고 나는 믿는다. 이 글을 함께하는 많은 분들이 자연을 자신의 전담 주치의로 만들어 하루하루 건강한 일상을 살아가길 바란다.

2024년 봄

야외 카페 테라스에서

차례

2부 세상과 관계 맺기

3부 내면의 정원 가꾸기

1부

나에게 말 걸기

첫 번째 파트, '나에게 말 걸기'는 전체 4장으로 구성되어 있다. 1장은 자연으로의 귀환, 2장은 자신을 바로 보기, 3장은 자신을 바로 세우기, 4장은 부활을 위한 긍정의 힘이다.

1장은 잃어버린 나를 찾기 위해, 우리 생명의 원천이자 고향인 자연으로 돌아가는 것이 얼마나 중요한 일인가에 대한 이야기를 나 자신의 성장과정과 연관지어 이야기하고 있다. 2장에서 3장은 병든 나를 고치기 위해서는 먼저 병을 직시하는 것이 필요하기 때문에 그것을 직면하고 치료하는 것에 관한 이야기다. 물론 모든 병의 근본은 자신에게 있으므로 자신의 솔직한 모습을 직면하고, 어떻게 온전한 모습을 되찾을까에 대한 내용이 주축이 된다. 4장은 '새 술은 새 부대에'라는 말처럼 깨끗해진 나의 공간에 긍정의 에너지를 채우고 잃지 않도록 하기 위한 내용이다.

1장 자연으로의 귀환

세상살이에 지치고 힘들 때 우리를 위로해주는 것은 가족이나 고향이 주는 모성애적 안정감이다. 하지만 그런 가족이나 고향보다도 더 근본적으로 우리를 따뜻하게 감싸주는 것이 있다. 그것은 우리가 태어난 대지와 자연이다. '흙에서 태어나 흙으로 돌아간다'는 말처럼 자연은 언제나 우리를 어머니처럼 품어준다.

세파에 시달리며 불안해하고 방황하는 우리에게는 튼튼히 두 발을 디딜 수 있는 땅이 필요하다. '땅에서 넘어진 자 땅을 딛고 일어나라'는 말이 있을 만큼 우리에게 자연은 언제나 소중한 존재다. 마치 엄마에게 혼나고도 울면서 엄마를 부르는 아이처럼 말이다. 그래서 나는 이 책의 첫 장에 일생을 통해 우리에게 언제나 정서적으로 안정감을 제공해주는 자연으로 돌아갈 것을 제안한다. 그리고 그 길잡이의 하나로 원예치료가 무엇인지 간단히 소개할 것이다. 자연을 만나고 대화를 나누는 시간은, 또한 나 자신에게 말을 거는 과정이고 나를 만나는 시간이기도 하다.

자연과 사랑이 함께했던 시절

어렸을 적 경상남도 함양의 한 시골에서 1년 정도를 살았다. 잘 기억은 나지 않지만 부모님 말에 의하면 골목대장같이 활기 있었던 어린 시절이라고 한다. 얼굴이 도회적으로 생겼다는 말을 종종 들었는데, 어린 시절 그런 환경 속에서 자란 경험이 있어서인지 나는 여전히 나무와 숲, 호수, 개울과 같은 자연을 좋아한다. 다른 사람들은 지붕이 있는 집이나 텐트 안에 있을 때도 나는 밖으로 나와서 햇살을 맞이하는 편이다. 카페를 가더라도 노천 카페에 앉아 있는 것이 좋다.

20대에는 꽃꽂이 학원을 다니며 전문가 과정을 마쳤다. 하루 종일 꽃꽂이를 하면 두세 개 정도의 작품을 만들 수 있는데, 그것을 주위 사람들에게 선물하는 재미도 적지 않았다. 꽃을 보고 즐거워하는 사람들의 모습을 보면 나도 덩달아 행복한 미소가 얼굴에 그려졌다.

30대 이후로는 꽃이 모여 있는 게 조경이니 조경을 공부해야겠다 생각했다. 조경사 자격증을 취득하려고 교육기관을 알아보다 우연히 단국대에서 원예치료를 가르치는 교수님을 알게 되었다. 꽃과 사람에 관심이 있고, 사람들에게 도움을 주고 싶다고 하니, 자연스럽게 원예치료를 추천받게 되었다. 원예 식물로 사람을 치료한다는 것은 거부할 수 없을 만큼 매력적인 일이었다. 더구나 뭐든 새로운 것을 공부하기 좋아하는 나는 이 유혹을 뿌리치기 어려웠다. 나는 심신이 지치고 힘들 때면 자연스럽게 정원을 거닐거나 숲속을 걸으며 치유를 받았는데, 원예치료를 전공하면서 자연과 더욱 가까워지게 되었다.

유명 건축가 안도 다다오[1]라는 사람이 있다. 초등학교 졸업이 학력의 전부지만, 그는 세계적 건축가로 추앙받고 있다. 그의 건축 철학은 자연과의 호흡이다. 햇빛과 물, 나무, 돌, 하늘, 바람이 그의 건축 테마가 된다. 물론 다른 건축가들도 이런 자연적 요소를 고려하지 않는 것은 아니다. 다만, 다른 건축가들은 그런 요소를 단순히 참고하는 정도라면, 그는 자연을 부수적 요인이 아니라 주연으로 적극 활용한다. 그의 건축이 사람들을 매료시키는 것도, 인간을 생명의 원초적 모습 그대로 회복시켜 주고 병든 곳을 치유하는 자연 자체의 힘 때문일 것이다.

자연은 모든 사람에게 공평하다. 햇빛이 빈부나 계층을 가리지 않고 내리쬐듯이 자연은 모든 사람들이 즐겨 찾는다. 가난한 사람도 부유한 사람도, 산에 올라 맑은 공기를 마시거나 수풀이 우거진 공원을 찾으면서 기분전환을 하고 원기를 회복하며, 텃밭을 꾸려 상추나 깻잎을 심고, 꽃을 다듬고 물을 주며 정원을 가꾸는 일은 손수 행한다.

한 사람의 어린 시절은 나무가 싹을 틔우는 과정과 같다. 단단한 나무로 자라기까지 적절한 햇빛과 수분, 양분이 있어야 하고, 때로는 버팀목도 필요하듯 성장기에는 충분한 사랑을 받아야 한다. 꽃이나 나무도 어느 정도 성장하면 잘 죽지 않고 악천후에도 잘 버텨내지만, 그전까지는 세심한 배려가 필요하다.

나는 좋은 부모님을 만났지만, 두 분 모두 바쁘셔서 밖에서 주로 생활하셨기 때문에 많은 시간을 함께하지는 못했다. 하지만 다행히 부모님의 사랑을 외할머니께서 대신해주셨다. 외조모님은 오빠와 나 우리 남매에게 무한한 사랑을 베풀어주셨다.

그리고 무척이나 감사하게도 부모님과 일하셨던 분들이 부모님을 존경했기 때문에 많은 사랑과 관심을 받는 분위기 속에서 자랄 수 있었다. 그 당시 서울에서 4년제 대학을 졸업하신 분이 부모님을 곁에서 모시고 싶다고 당시 우리 가족이 거주하던 부산으로 내려오는 일도 있었다. 그분께서도 우리에게 많은 애정을 베풀어주셔서 그다지 사랑이 부족함 없이 정서적 불안을 겪지 않고 성장할 수 있었다.

30대에 한때 위탁모 일을 한 적이 있었다. 안타까운 사연으로 10대가 낳은 아이를 맡게 되었다. 생후 2개월이 채 되지 않은 신생아가 여러 사람을 거쳐 내 손에까지 오게 되었다.

그 아이를 처음 맡고 나는 자리에 편하게 앉아 있을 틈이 없었다. 아이가 극히 예민한 상태여서 24시간 아이를 양손으로 안고 있어야 했다. 아이를 자리에 앉힐 수도 없었기 때문인데 바닥에 눕히거나 등을 기대게 하면 여지없이 울음을 터뜨렸다.

그래도 당시에는 체력이 있었기 때문에 잠깐씩 눈을 붙이는 것 외에는 며칠을 그렇게 생활했던 것 같다. 밥 먹을 때도, 배변할 때도 한시도 다른 데 눈을 팔지 않고, 그 아이의 눈을 바라보았다.

그렇게 아이에게 집중하는 시간이 쌓이다 보니 어느새 아이가 안정감을 찾기 시작했다. 자리에 눕히고 등을 기대게 해도 울지 않는 단계가 되었다. 우리 사이에 친분이 쌓이기 시작했고, 아이는 나를 보고 웃기 시작했다.

사람은 누구나 인생을 살아가면서 각 단계별로 필요한 경험과 지도와 관심과 애정이 필요하다. 한때 언론에서 가십으로 크게 다뤄졌던 정글에서 자라난 늑대소년이 아무리 인간의 교육을 받아도 늑대의 상태에서 크게 벗어나기 어려운 것과 같다. 혹시 짐승의 상태에서 벗어난다고 하더라도 당시의 습성이 남아 있어서 사람 구실을 하기 어렵다. 따라서 인간은 뇌가 성장하는 과정에 따라 적절하게 언어와 예의범절과 인간으로서의 중요 덕목을 익혀야 한다. 무엇보다 충분한 관심과 사랑으로 사람으로 대접을 받아야 한다.

자연은 이러한 가족이나 사회에서 베푸는 사랑과 같은 역할을 한다. 어렸을 적 그러한 사랑이 부족했다면 나이가 들어서 배우자나 자녀, 혹은 사회에서 만난 공동체를 통해서라도 사랑을 받아야 한다. 또한 어렸을 적 그런 사랑을 받았지만 세상에서 상처를 많이 받았다면, 역시 가족이나 다른 다양한 관계를 통해 심신의 원기를 회복할 필요가 있다.

자연은 이러한 사랑의 대체물 혹은 사람들에게서 느낄 수 있는 것 이상으로 근본적인 사랑을 느끼게 해준다. 그래서 우리는 자연으로 돌아가야 한다. 정기적으로 자연을 접하거나, 일상적으로 자연을 접하는 환경을 조성할 수 있다면 훨씬 더 건강한 일생을 영위할 수 있다.

일생을 좌우하는 안정감

사람은 사랑과 안정감을 충분히 느끼지 못하면 자아정체성을 잃고 불안한 정신세계를 갖게 된다고 한다. 이 이론은 독일에서 출생해 20세기에 왕성히 활동한 심리학자 에릭 에릭슨[2]이 주장한 것으로, 그는 자아정체성을 강조한 자아심리학[3]의 주창자로 유명하다.

에릭슨은 덴마크인 부모의 혈통을 이어받았고, 어머니가 재혼을 하면서 유태인 아버지의 지도를 받으며 성장했다. 그리고 30대 후반에는 다시 미국 시민이 되었다. 에릭슨은 이러한 복잡한 출생과 양육 과정을 거치며 어려서부터 어느 쪽에도 확실히 소속되지 못했다. 이러한 상황이 그가 자아정체성을 화두로 한 심리학을 발전시킨 간접적 계기가 되었을 것이라고 추정할 수 있겠다.

하버드에서 오랫동안 심리학을 강의하다 1994년 92세를 일기로 사망했을 때는, 전 세계 언론이 그의 죽음을 대대적으로 보도했을 정도로 그가 심리학자로서 인류에게 끼친 영향은 매우 크다.

에릭슨의 대표 이론 중 “사람은 성장하면서 나이대별로 8단계의 일정한 심리사회적인 발달 단계를 거친다”는 연구결과가 있다. 어렸을 때는 연령별로 단계가 많은 편이고, 나이가 들면서는 한 단계의 연령폭이 비교적 넓은 편이다. 간략하게 정리해보면 다음과 같다.

1단계인 0~1세 유아기는 신뢰 단계이다. 부모로부터 일정한 음식과 애정이 주어졌을 때 사회에 대한 신뢰감이 형성되고 그렇지 못할 경우 불신과 공포가 생긴다.

2단계인 1~3세 초기 아동기는 자율성과 수치심이 형성되는 단계다. 자발적이고 유연한 신체·언어 활동을 통해 자율성을 습득하는 단계인데, 이것이 허용되지 않거나 불완전하면 자책감과 수치심이 발생한다.

3단계인 3~6세 학령전기는 주도성과 죄책감의 단계다. 자율적으로 세상을 탐험하는 이 시기에는 다양한 경험을 통해 자기 주도성과 독립성, 책임감을 발전시킨다. 여기에는 적당한 관심과 관리 감독도 필요하다. 그런데 자기 주도성을 과도하게 제재할 경우 아이는 죄책감을 가지게 된다.

4단계인 6~12세 학령기에는 근면성과 열등감의 단계다. 진학을 하게 되고 처음으로 사회활동에 참여하게 되면서 아이는 성취감과 근면성을 기르게 된다. 그러나 이것이 성공적이지 않았을 경우 열등감이 자라날 수 있다.

에릭슨의 심리사회적 발달 8단계

단계	시기	나이	적응 vs. 부적응	덕목
1	유아기	0~1세	신뢰성 vs. 불신감	희망
2	초기 아동기	1~3세	자율성 vs. 수치심	의지
3	학령전기	3~6세	주도성 vs. 죄의식(죄책감)	목적
4	학령기	6~12세	근면성 vs. 열등감	유능
5	청소년기	12~20세	자아정체성 vs. 정체성 혼란	충실
6	초기 성년기	20~40세	친밀감 vs. 고립감	사랑
7	장년기	40~65세	생산성 vs. 침체성	배려
8	노년기	65세 이상	자아통합(통합성) vs. 절망감	지혜

5단계인 12~20세 청소년기는 자아정체감과 역할 혼동의 단계다. 진로를 결정하고, 성인이 되어가는 과정에서 자아정체성을 형성하게 되는데, 이것이 적절히 이루어지지 않을 경우 자신이 사회에서 맡을 역할을 혼동하고, 자존감이 낮아지며, 확고하지 않은 자아정체감을 갖게 된다.

6단계인 20~40세 초기 성년기는 친밀감과 고립감의 단계다. 본격적으로 사회활동을 시작하면서 자신과 타인의 정체성을 조화하게 된다. 이때 타인과의 친밀감을 형성하는데 그것이 어려울 경우 가족들과의 친밀감으로 전환한다. 그러나 이 둘이 모두 잘되지 않을 경우는 고립감이 형성된다.

7단계인 40~65세 장년기(성년기/중년기)는 생산성과 침체감의 단계다. 가정적으로는 자녀를 양육하고 사회적으로는 주축이 되는 나이로 자신이 세상에 대해 뭔가를 생산했다는 생산성의 감정을 갖게 되는 단계지만, 이것이 원활하게 되지 않았을 경우 반대로 침체되는 느낌을 받게 된다.

8단계인 65세 이상 노년기는 자아통합과 절망감의 단계다. 지나온 시간들과 자신의 업적을 돌아보며 하나로 완성된 느낌의 단일한 자아정체감을 형성하게 되는데, 그것이 크게 훼손되었거나 불만족스러울 경우 자신에 대한 분노와 후회, 절망감에 빠질 수 있다.

20세기 초중반과 달리 급속도로 평균수명이 늘어나고 있는 현대사회에서 성인 이후의 연령 단계는 조정될 필요가 있을 것이다. 개인적 견해로는 지금은 75세는 넘어야 노년기라고 볼 수 있지 않을까 생각한다.

에릭슨은 친절하게 각 단계별로 필요한 정신적 양분과 같은 덕목을 제시했으니 참고로 하면 좋겠다. 1단계는 희망, 2단계는 의지, 3단계는 목적, 4단계는 유능, 5단계는 충실, 6단계는 사랑, 7단계는 배려, 8단계는 지혜이다. 아동기의 덕목은 '희망, 의지, 목적, 유능성'이고, 청소년기는 '충실성', 성인기는 '사랑, 배려, 지혜'가 필요하다는 견해를 밝혔다.

에릭슨의 발달 단계를 고려해보면, 인간은 각 나이대별로 그 과정에 필요한 보호와 지도 혹은 경험을 겪어야 건강한 정신세계를 갖출 수 있게 된다. 그러나 어느 것이 생략되거나 왜곡되면 해당 부분이 병들게 된다.

특히 어렸을 때의 단계는 본인이 인지하거나 기억할 수 없는 시간들이기에, 나이가 들어서도 보정이 어렵다. 사람에게 일생을 좌우하는 안정감을 부여하는 양육은 그렇기 때문에 더욱 중요하다.

자연과의 대화

자기 자신이 별 볼일 없는 사람이라고 생각하며 살아온 여성이 있었다. 그녀는 성장과정에서 너무나 많은 상처를 입었다. 그런데 정원을 돌보는 일을 하면서, 어느 날 그녀는 자신이 생명이 있는 한 송이의 꽃과 같다는 것을 깨닫게 되었다.

자연과 가까워지는 것은 그렇게 어렵고 거창한 일이 아니다. 단순히 정원을 거닐다가 물을 주고 말을 걸고 하는 간소한 과정이 있을 뿐이다. 하지만 깊은 우울감이나 피로감, 정신적·신체적 무기력감에 빠져 있는 사람은 그런 정도의 간소한 과정만으로도 달라질 수 있다.

처음에는 그것조차 쉽지 않겠지만, 그래도 시작해야 한다. 프리드리히 니체(1844-1900)도 《인간적인 너무나 인간적인》에서 '모든 일의 시작은 위험한 일이지만, 무슨 일을 막론하고 시작하지 않으면 아무것도 시작되지 않는다'라고 하였다.

따라서 적게라도 한 걸음을 떼어야 달라질 수 있다. 이 과정을 의무적으로 하게 하므로 처음에는 어색하더라도 나중에는 친숙해진다. 그렇게 습관적으로 하다 보면 어느 날 이런 생각이 들게 된다. '내가 저 꽃이고, 저 꽃이 나일 수 있겠구나.'

정원을 가꾸고 물을 주다 보면, 어느새 생동감 있게 살아 있는 자신을 보게 된다. 세상에서 눈에 보이지도 않는 존재라고 생각하며 살아왔는데, 알고 보니 생명력이 있는 꽃이었구나 하고 깨닫게 되는 것이다.

꽃과 나무, 돌과 바람, 자연에게 말을 거는 과정에서 자신과 대화를 나눌 수 있게 되고, 자신을 절망으로 내몰고 있는 삶의 질문에 대한 답을 찾아나갈 수 있다. 사람과 대화를 나누는 것도 좋은 방법이기는 하지만, 힘든 상황에 처해 있을 때 처음부터 누군가와 대화를 나누는 것이 여러모로 거북할 수도 있을 것이다.

사실 우리는 우리 삶의 문제점을 잘 인지하고 있다. 굳이 엄마가 나에게 공부하라고 하지 않아도 수험생인 내가 공부해야 한다는 것을 잘 알고 있는 것처럼, 성인들은 대체로 자신에게 일어난 문제점을 잘 알고 있고, 심지어는 답도 갖고 있다.

그런데 사람들과 대화를 나누면서 문제를 해결하다 보면 감정이 상하는 경우가 많다. 들어주는 입장에서도 한두 번 듣다 보면 지겨우니까 이제 그만 좀 징징거리라는 식으로 짜증을 부리게 되고, 그러면 상처를 입게 되는 것이다. 하지만 자연과 대화를 나누면 그런 불편함을 겪을 일이 없다. 혼자만의 시간을 가지게 되면서 세상이나 사람이 아닌 자신을 돌아보는 기회를 갖게 된다. 세상과 사회를, 그리고 자신에게 일어난 일들을 보다 객관적인 눈으로 바라보게 되고, 내 안에서 답을 찾아나가게 된다. 나를 만나고 나에게 말을 거는 시간, 이것이 자연과의 대화가 가진 강점이라고 할 수 있다.

같은 자연이라도 동물과 식물은 차이가 있다. 요즘 반려견을 키우며 교감하는 사람들이 많다. 하지만 동물은 아무래도 사람들과 더 가깝다 보니 세심하게 관리해야 할 부분이 많고, 피드백도 매우 즉각적이며 적극적이다. 자기 기분에 안 맞으면 나를 할퀴거나 물기도 한다. 키우는 과정에서 신경 써야 할 점도 훨씬 더 많고, 문제가 생겼을 때 일일이 반응을 해주지 않으면 관계가 틀어지거나 병이 드는 경우도 상당히 많다.

하지만 식물은 다르다. 나의 조그만 실수에 그렇게 연연해 할 필요가 없다. 운신의 폭이 훨씬 넓은 것이다. 심지어 식물은 자신이 죽어가는 순간에도 인간에게 위해를 가하지 않는다. 물론 그런 일이 없어야겠지만, 인간의 관점에서 치료를 받는 과정에서는 어쨌든 더욱 안정성이 보장된다. 자연의 아낌없이 베푸는 속성이 식물에게서 더 잘 발현되고, 그러한 관계를 통해 인간은 자신이 세상으로부터 받은 상처를 치유할 수 있다.

'자식 이기는 부모 없다'는 말이 있듯이 인간관계에서도 더 큰 것이 작은 것을 품지, 작은 것이 큰 것을 품기는 어렵다. 그처럼 자연이 사람을 품는 것이지, 사람이 자연을 다 품지는 못한다. 냉철하게 이야기하면 인간은 자연에게 위해나 가하지 않으면 다행이다.

우리는 세상을 떠돌다 지치고 힘들면 고향으로 돌아가거나 부모와 가족에게서 위안을 얻으려고 한다. 그렇기 때문에 심신이 괴로울 때 자연을 통해 치유하고 회복하는 것은 매우 적절한 방법이 될 수 있다.

역사적으로 입증된 '더불어 자연'의 효과

현대 미국과 유럽에서 증명된 원예치료의 여러 효과에 관한 사례들이 있다.

18세기 미국 필라델피아 벤저민 러시(Benjamin Rush) 교수는 정신질환자가 정원에서 일한 후 건강상태가 호전되는 것을 경험하고 흙을 만지는 것이 정신질환자를 치료하는 데 효과적이라고 발표했다. 또 19세기 미시간 주립대학병원에서는 정신치료의 한 과목으로 원예치료를 비중 있게 포함시켰고, 펜실베이니아 정신병원에서는 산책로와 공원을 만들어 정신과 치료에 활용했다. 20세기에 들어와, 2차 세계대전 이후에 상이 군인들의 심신 치료에 원예치료를 활용했는데, 효과가 매우 좋았다는 결과도 있다.

1955년 미시간 주립대학에서 원예치료학 학사학위를 부여하면서 많은 의료인들이 원예치료에 관심을 갖기 시작했고, 원예치료가 본격적으로 학문의 영역에 포함되었다. 상대적으로 최근이라고 할 수 있는 1973년에는 원예치료를 통한 치료와 재활을 위한 전국협의회가 조직되었고, 1987년 미국원예치료협회로 이름이 바뀌어 지금까지 이어지고 있다. 미국원예치료협회의 설립은 미국 전역에서 원예치료 보급활동을 하는 데 크게 기여하고 있다.

유럽에서는 17세기 말인 1699년, 영국의 레오나드 매거가 여가시간에 정원에 나가 땅을 파거나 풀을 베는 것이 건강을 유지하는 데 가장 좋은 방법이라고 이야기한 것이 원예치료의 효과를 표명한 첫 번째 사례로 알려져 있다.

100년을 뛰어넘어 19세기 초에 북스코틀랜드의 의사 그레고리는 농장 일이 정신병을 치료하는 데 현저한 효과가 있다고 발표하기도 했다. 1806년 스페인에서는 농경활동을 통한 정신질환자의 치유효과에 관한 기록을 남겼다. 20세기에 들어와 1978년 영국에서는 원예치료 및 농업 훈련회가 설립되어 장애인이 정원 일을 할 수 있는 자원제도가 정착되었다.

한편, 로저 울리히라는 환경심리학자는 미국 펜실베이니아주 병원의 입원 환자들을 대상으로 비교 연구를 했는데, 그 결과 숲이나 정원이 보이는 병실의 환자들이 벽면과 담만 보이는 환자들보다 수술, 감염 및 기타 질병으로 인한 회복률이 높고 수술 후유증이 더 적었다. 이러한 자료는 1984년 유명한 과학 학술지 《사이언스지》에 게재되어 자연 녹색 치유의 중요성을 널리 알리게 되었다.[4]

이렇게 원예치료는 주로 미국과 유럽을 중심으로 한 선진국에서 빠르게 발전했으며, 사람의 신체와 정신을 건강하게 만든다는 효과를 입증했다.

몸과 마음, 영혼을 치유하는 원예치료

17세기경 서구에서 시작된 원예(horticulture)라는 단어는 라틴어로 울타리를 의미하는 hortus와 식물을 기르고 가꾼다는 뜻의 cultura가 합쳐진 말이다. 즉 울타리 안에서 식물을 재배한다는 의미가 생겨난 것이다. 한편 그리스에서는 성의 안쪽을 horti라고 하고, 성의 외부를 agri라고 한다. 그래서 horticulture는 식물을 성안에서 재배하는 원예, agriculture는 일반적인 농업을 의미하는 단어로 발전하게 되었다.

동양에서도 서양과 다르지 않게 수천 년 전부터 정원이 있었지만, 원예라는 말은 서양으로부터 전래되었다. 19세기 중국에서 horticulture라는 단어를 원예(園藝)라는 한자로 번역해 쓰기 시작한 것이다.[5] 여기서 원(園)은 영어로 horti에 해당하니 울타리인 것이고, culture와 대응되는 예(藝)는 예술이라는 의미 외에도 작물을 가꾼다는 의미가 있다.

그렇다면 원예와 치료라는 말은 어떻게 결합하게 된 것일까? 세월이 흐르면서 원예가 보다 적극적인 의미로 활용되기 시작했으니, 원예에 기반을 둔 원예치료라는 개념이 생겨났다. 원예를 의미하는 horticulture와 치료의 뜻을 가진 테라피(therapy)가 합쳐져 원예치료라는 단어가 생겨난 것이다. 우리나라에서는 처음에 horticulture therapy를 원예요법 혹은 원예치료로 번역했으나, 지금은 원예치료로 통일해 사용하고 있다.

쉽게 정리하자면, 원예치료는 "식물을 이용해 사람의 정신과 신체를 건강하게 지속하거나 개선하기 위한 모든 활동"을 말한다. 우리나라는 미국 원예치료 개념의 영향을 많이 받았는데, 조금 더 풀어서 말하자면, 원예치료란 "식물을 이용한 원예활동을 통해 심리적·사회적·교육적·신체적 적응력을 기르고, 정신적 회복과 육체적 재활을 추구하는 모든 활동"을 말한다.

여기서 우리가 주목해야 할 만한 흥미로운 부분이 있다. 원예치료가 조금 더 보편화되면서 원예치료의 개념이 조금씩 보완되었는데, 미국원예치료협회(AHTA, America Horticultural Therapy Association)가 발표한 자료에 따르면, 원예치료를 "사람의 몸과 마음, 영혼을 개선시키기 위해 식물과 정원활동을 이용하는 과정으로, 연령과 배경, 능력과는 상관없이 모든 사람을 위한 효과적이고, 유익한 치료"라고 정의를 내렸다는 것이다. 즉 정신과 육체뿐만 아니라 영혼을 치료하는 개념까지 함께 포함되었으니, 원예치료는 인간의 심신(心身)과 영혼을 함께 아우르는 치료와 치유의 효과가 있다는 말이다.

2장 자신을 바로 보기

우리는 인생에서 한 번쯤은 가던 길을 멈추고 자신을 깊이 들여다볼 필요가 있다. '자기'라는 것은 세 가지가 있다. 내가 생각하는 자기, 남이 바라보는 자기, 진짜 자기. 그런데 우리는 왜곡된 시선으로 자기를 바라본다. 부모나 친구, 직장 동료들이 바라보는 나에 대한 평가에 연연해 자신을 왜곡하거나, 내가 바라는 이상적인 자아를 자기라고 착각한다.

객관적인 자기와 관념적인 자기와의 괴리는 현실을 살아가기 힘들게 만든다. 자기의 잃어버린 본래 이름을 되찾듯이, 자기 자신을 찾아야 한다. 그렇게 자기 자신을 찾음으로써 비로소 현실을 살아갈 힘을 얻게 된다. 자신이 원하는 방향으로 나아갈 수 있는 바른 출발점을 찾을 수 있기 때문이다.

무엇보다 자기 자신과 자신에게 주어진 현실을 냉철하게 객관적으로 바라보고, 주어진 역할을 충실히 수행할 때 우리는 비로소 자기 삶의 주인공이 될 수 있다.

잃어버린 나

우리는 자신과 자신의 삶을 보다 객관적인 시각으로 바라보며 거듭날 필요가 있다. 21세기에 접어들면서 개인용 컴퓨터와 인터넷이 급속도로 발달하다 보니 밖에 나가 사람들을 만나기보다 혼자 지내는 시간이 길어졌다. 세계적 재난이 되어버린 코로나로 대표되는 팬데믹은 이러한 상황을 더욱 심화시키고 일상적인 것으로 만들었다. 일하는 방식도 바뀌어, 1인 기업과 같은 형태로 일하는 사람들도 많아졌다. 1인 기획사부터 1인 방송인까지 직업적인 면에서도 혼자 일하는 것이 예전보다 훨씬 용이해졌다.

이런 여러 가지 현상들이 맞물려 사회생활을 어색하고 불편한 것으로 생각하고, 공동체에서 떨어져나와 버리는 사람들도 많아졌다. 그런데 사회 속에서 나를 잃어버린다고 생각해서 내가 주도하는 자신만의 세상으로 떠나왔는데, 혼자만 있다 보니 자신을 제대로 볼 수 있는 눈이 사라져버리는 경험을 하게 된다. 나에 대해 의견을 주는 사람이 없으니 나의 강점이나 약점, 기회나 위기를 정확하게 판단할 수 있는 눈이 사라져버린 것이다. 잃어버린 나를 찾고 싶어서 혼자만의 세계로 갔는데, 오히려 더 심각하게 자신을 상실해버리는 꼴이다.

모든 것은 균형이 필요하고 균형이 무너지면 건강한 삶을 살기 힘들다. 특정한 조직에 매몰되지 않기 위해서는 혼자만의 시간도 필요하고, 또한 사회에서 적당한 불편함을 감수하면서 자신을 객관적으로 바라보는 시간도 필요하다. 문제는 사회냐 혼자냐가 아니라 객관적인 자신을 조망하기 위한 노력을 멈추지 말고, 그것을 통해 건전한 자아정체성을 확보해야 한다는 것이다.

현대인들은 심리학자 에릭 에릭슨이 지적한 대로 자아정체감의 혼돈을 많이 겪고 있다. 자아를 상실하거나 자아가 과잉되어 있으며, 자신이 누구인지 잘 모르고 있다. 그래서 누름꽃으로 장식한 이름표를 만드는 원예치료 프로그램에서도 치료 대상자들에게 '나는 누구일까'를 생각하라고 많이 이야기한다.

특히 현대인들처럼 온라인 세계가 발달한 세상을 살고 있는 사람들은 각종 아이디와 닉네임, 가상 세계의 캐릭터 등으로 인해 자기 자신을 혼동하는 사람이 많다. 만들어진 나 자신, 시쳇말로 부캐릭터를 자기 자신과 혼동하기 쉬운 것이다.

물론, 인터넷이 탄생하기 전에도 양상은 다르지만 똑같은 일들이 펼쳐지고 있었다. 한 가족의 구성원으로서 자신의 역할이나 소위 간판이라 불리는 사회적 역할을 자신과 혼동하는 상황이었다. 기업에서 사장 대우를 받는다고 해서 음식점에서도 사장인 것은 아닌데, 과잉된 자아가 나타나 갑질을 하는 일이 비일비재하다.

그렇게 간판과 자신을 동일하게 여기는 사람들이 직장을 잃거나 퇴직하게 되면 우울감에 빠지거나 정체감의 혼동을 일으킨다. 페이스북, 인스타그램과 같은 SNS에서 자아가 과잉된 사람들도 마찬가지다. 게임과 같은 가상 세계의 나와 실제의 나를 혼동한다. 혹은 가상 세계의 캐릭터가 나인 것처럼 스스로를 환각 속에 빠뜨린다.

어렸을 적 늘 칭찬받는 우등생이었던 사람 혹은 자신이 목표했던 이상적인 나를 실제 자신과 착각해온 사람들은 갑자기 그것이 불일치하는 경험을 하게 되거나 그런 일들이 빈번하게 발생하면 인지부조화를 일으키고 심한 우울감에 빠지는 등 정신질환에 시달리기도 한다. 영화 〈공각기동대〉에서도 네트워크 속에 빠져 여러 정체성을 갖고 있는 사람들이 자아가 상실되는 경험을 하면서 불안에 시달리는 모습을 표현하기도 했다.

정체성이 부족하거나 인지부조화에 시달리는 많은 사람들은 어떤 방법으로든 당장 자신이 원하는 형태로 자신을 만들어 내려고 하고, 그러다 보니 뭔가를 과장하고 포장하는 일에 익숙해진다. 때로는 사회가 그런 역할을 강요하기도 한다. 하지만 이렇게 자아가 과잉되거나 자아가 정체불명이 된 상황 속에서 인간은 온전한 행복감과 안정감을 느끼지 못한다. 늘 현실과의 괴리로 고통받게 되며, 진정한 즐거움이 아닌 캐릭터의 즐거움을 자신의 즐거움이라고 착각하며 공허한 인생을 살아가게 된다.

따라서 우리는 냉철하게 자기 자신을 객관화해서 바라보는 훈련을 해야 한다. 현실에 충실하면서 과거나 현재의 자아를 왜곡하지 않는 것이 중요하다. 특히 과거의 기억을 왜곡하지 않아야 현재도 올바른 눈으로 바라볼 수 있다. 사람들은 과거에 있었던 일을 자신의 주관적인 입장에서만 왜곡하려는 경향이 있는데, 그렇게 되면 문제가 무엇인지 파악이 힘들고, 현재의 삶도 정상적으로 살아갈 수 없다.

손님의 눈으로 바라보기

현재든 과거든 상황을 바로 보기 위해서는 한 발 물러서서 객관적으로 바라보아야 한다. 물론 쉬운 일은 아니다.

그렇다면 객관적인 시각이란 무엇일까? 객관(客觀)은 한자어 그대로 '손님의 시선'이라는 말이다. 내 인생에 찾아온 손님의 시선으로 사태를 바라보는 것이 객관이다. 즉, 상대방은 혹은 뭇 대중은, 또는 사회에서는 그 행동을 어떻게 바라볼까 하고 조금 떨어져서 바라볼 수 있어야 한다. 항공촬영 하듯이 위에서 전체를 내려다보는 것이다. 영화 촬영이나 사진 촬영에서는 그러한 기법을 부감 숏이라고 한다. 바닥에서 올려다보면서 찍는 하이앵글 숏과 반대되는 촬영으로, 위에서 아래를 내려다보며 전체를 담아볼 수 있는 촬영법이다. 이것은 1인칭 관점에서 상대방을 바라보는 관점과는 다르다. 상대방의 눈에 비친 나, 혹은 위에서 아래로 내려다보는 시선, 이렇게 여러 가지 관점에서 사태를 바라볼 수 있어야 한다.

내 입장에서만 바라보면 항상 내가 정당하다. 하지만 그 상황에서 빠져나와 객관적으로 현실을 바라보면, '상대방 입장에서는 이렇게 생각할 수도 있구나', '전체적인 관점에서 보면 내가 이런저런 방식으로 상황을 왜곡하고 있구나' 하고 알게 된다.

이렇게 하려면 내가 늘 주연이라는 생각을 버려야 한다. 때로는 조연이 되고, 때로는 관객이 되고, 때로는 관찰자가 될 수 있어야 한다. 물론, 내 삶의 주인공은 언제나 나이지만, 세상은 혼자 살아가는 것이 아니고 사람들과의 관계 속에서 살아가는 것이기 때문에 관찰자의 시각으로 살펴볼 수 있어야 한다는 것이다. 그러면 균형 잡힌 시각으로 살아갈 수 있다. 때로는 엑스트라도 되어보고, 때로는 감독도 되어보아야 한다. 항상 나만 핀 조명을 비춘 것처럼 스포트라이트를 받아야 한다고 생각하면, 세상을 객관적으로 보지 못하고, 현실을 왜곡하게 된다.

친구의 결혼식에 참석했다고 하자. 그러면 그날의 주인공은 당연히 친구가 되어야 한다. 나는 친구를 가장 빛나 보이게 하는 조연 역할인 것이다. 필요하다면 웨딩드레스를 들어주는 들러리 역할을 할 수도 있고, 화동(花童)의 역할, 축가를 부르거나 음악을 연주하는 피아니스트의 역할, 결혼식을 진행하는 사회자 역할 등등을 할 수 있을 것이다.

그 역할을 충실히 수행할 때 나는 가장 빛난다. 만약 축가를 부른다면 그 역할 내에서만큼은 내가 주인공이다. 그런데 주목받고 싶어서 갑자기 축가를 부르다 말고 신부를 밀어내고 신랑 옆에 선다면 어떻게 될까? 이렇게 비유하면 말도 안 되는 일처럼 느껴지지만, 현실에서 우리는 숱하게 자신만의 주관적인 판단으로 상황을 왜곡해 바라보고, 자신의 역할을 착각하고, 자리를 이탈하는 일을 벌인다.

현실을 객관적으로 바라보면 내 삶의 진정한 주인공이 될 수 있다. 그 상황을 온전히 즐기고 충실할 수 있기 때문이다. 남들과 비교하며 주연이 되지 못한 불만에 빠져 있으면 온전히 삶 속으로 뛰어들지 못한다. 자신의 맡은 역할을 착각해 무대를 망쳐버리면 자기 삶에 몰입할 수 없고, 궤도를 이탈한 열차처럼 안정된 심신을 상실하게 되는 것이다. 객관적인 시각에서만 우리는 주인공이 될 수 있다. 그리고 그렇게 객관적 진실로부터 출발해야, 우리 삶이 더 나아질 수 있다.

건강한 사람이 된다는 것

성격 연구의 선구자로 유명한 심리학자 고든 올포트[6]가 연구한 건강한 사람에 대한 개념은 우리 자아가 나아가야 할 지향점으로 참고할 수도 있고, 그것을 통해 객관적인 자기 자신을 발견하는 것이 왜 중요한가에 대한 실마리를 얻을 수도 있다.

올포트는 1897년 미국 인디애나주 몬테주마라는 마을에서 의사의 아들로 태어나 사랑이 많은 가정에서 자랐다. 하지만 공부는 잘하면서도 지극히 내성적인 성향에 운동도 못했기 때문에 아이들에게서 소위 왕따를 당하면서 자랐다. 올포트의 쓸쓸한 학창 시절은 그에게 심리학에 대한 흥미를 열어주었다. 대학에서는 경제학과 철학을 전공했지만, 하버드 대학원에서 심리학을 공부하면서 본격적으로 심리학자로서의 길을 걸었다.

수줍은 아이였던 올포트는 성인이 되어 프로이트[7]를 무작정 찾아가 만날 정도로 적극적인 성격으로 변했고, 성격 연구의 선구자가 되어 1964년 미국심리학회로부터 특별 과학 공로상을 받기도 했다. 또한, 올포트는 심리학이 정신적인 질병을 앓는 환자뿐만 아니라 건강한 사람의 연구를 통해 더 많은 것을 얻을 수 있다고 주장했고, 그의 이러한 연구 방향성 덕분에 심리학의 폭은 한층 더 넓어졌다.

올포트가 오랜 연구와 임상을 통해 정리한, 성숙하고 건강한 정신을 가진 사람의 특성은 크게 일곱 가지로 살펴볼 수 있다.

첫째, 건강한 사람은 자아가 충분히 확산되어 있다. 경험의 범위가 넓어지면서 사물, 사람, 이념, 철학 등 다양한 가치를 포함하고 있다. 스스로의 활동을 통해 자아를 확장시키는 사람은 건강한 사람이다.

둘째, 건강한 사람은 다른 사람들과의 온정적인 관계를 만들어나간다. 가족과 친구들로부터 형성된 온정을 확장시켜나갈 수 있으며, 다른 사람에게 포용력을 발휘할 수 있고 동정심을 갖는다. 그러한 온정을 바탕으로 사회에서 여러 사람과 따뜻한 관계 맺기를 만들어갈 수 있다.

셋째, 건강한 사람은 자기 인정의 사고방식을 갖고 있다. 자기 자신을 있는 그대로 받아들일 수 있고, 자신의 감정을 통제할 수 있다. 이때 감정 통제는 억압하는 것이 아니라 생산적인 방향으로 전환하는 것이다.

넷째, 건강한 사람은 현실을 있는 그대로 볼 수 있다. 정신적 질환에 시달리는 사람은 자신들의 욕망, 결핍, 선입견 등에 의해 현실을 실재하는 그대로 보지 않고, 비틀어서 일그러진 상태로 바라본다.

다섯째, 건강한 사람은 자신의 업을 충실히 수행한다. 건강한 사람은 현실적인 능력을 갖추기 위해 노력하고, 또한 자신이 가진 기술을 자신의 업을 위해 성심성의껏 발휘한다. 우리가 통상적으로 수행하는 업무는 삶에 의미, 지속성, 가치 등을 부여하기 때문이다.

여섯째, 건강한 사람은 자기 객관화에 능하다. 건강한 사람은 그렇지 않은 사람에 비해 자신에 대한 이해도가 높다. 자신의 부정적인 특성을 남에게도 투사하면서, 세상 사람들 전반을 부정적으로 보거나 하지 않고, 자신의 긍정적인 면과 부정적인 면을 객관적으로 함께 살펴볼 수 있다.

일곱째, 건강한 사람은 일관된 삶의 철학을 지닌다. 건강한 사람은 과거에서 미래로 이어지는 변함없는 가치관을 갖고 있다. 이데올로기적인, 윤리적인 혹은 종교적인 가치체계를 지니고 있으며, 그것을 바탕으로 의무감으로 움직이는 것이 아니라 자연스럽게 그러한 철학을 따르는 삶의 태도를 유지한다.

올포트가 이야기한 것처럼 건강한 사람은 자기객관화에 능한 사람이다. 우리는 여러 가지 노력을 통해 자기를 객관적으로 볼 수 있도록 노력해야 할 것이다.

감정노트를 적어보자

현대인들은 자신을 돌아볼 시간이 없기 때문에 반드시 일부러라도 시간을 내서 자신을 찾는 훈련을 해야 한다. 휴식이라는 것도 강제가 필요하다고 한다. 고민거리나 일에 빠져서 시간 가는 줄 모르고 자신을 혹사하다 보면 어느새 심신이 망가져 더 이상 아무 일도 할 수 없는 지경이 되고 만다. 그래서 많은 전문가들은 휴식시간을 강제하는 것이 건강한 삶을 영위하는 비결이라고 이야기한다. 마찬가지로 자신을 돌아보는 시간도 강제로 가져야 한다.

예를 들면 매일 일정한 시간에 감정노트를 적는 것도 도움이 된다. 오늘 하루 나에게 일어난 일들 중에서 나의 마음이나 감정을 심하게 자극한 일에 대해 적어본다. 내가 오늘 왜 짜증이 났을까? 오늘 왜 모멸감을 느꼈을까? 사건과 감정을 기록하면서 상황이나 상대방에 대해서도 기록하고, 자기 자신의 마음도 기록한다. 상대방의 입장은 무엇이었고, 내 입장은 무엇이었는지

적고, 내가 특정한 상황이나 사람의 언행에 민감하게 반응하는 포인트를 찾는다.

나에게 힘든 사건이 일어났다면 그것은 어쩔 수 없는 일이다. 세상을 살다 보면 얻어맞을 수도 있다. 얻어맞았는데 화도 안 나고 아프지도 않다면 그건 거짓말이다. 맞고 아프고 상처 입는 세상을 바꿀 수는 없다. 그렇게 되지 않으면 좋겠지만 그것은 천국이나 유토피아[8]의 일이지, 현실이 아니다. 다만, 따져보면 굳이 피해갈 수 있는 길을 계속 다니면서 괴로움을 자초하거나, 격분할 일이 아닌데 똑같은 포인트에서 계속 심한 감정소모를 할 필요가 없는 것처럼, 문제는 이미 벌어진 사건이 아니라 벌어진 사건에 대응하는 방식이다.

어떤 일이 벌어졌을 때 어떤 색깔의 감정이 나오는지 찬찬히 기록하다 보면 어느새 사건 자체의 무게는 상당히 가볍게 느껴질 수 있다. 상황을 제3자의 입장에서 냉철하고 객관적으로 보면서 짓눌렸던 마음의 무게가 덜어지는 것이다. 그러면서 그 포인트에 해당하는 내면의 문제를 합리적으로 바꾸면 그것은 아무것도 아니게 된다. 이런 식으로 내면을 관찰하는 감정노트를 기록하다 보면, 나를 둘러싼 환경은 변함이 없는데, 내적인 성장이 일어나면서 내 안에서 문제가 해결되어간다. 남들이 봤을 때는 내 처지가 나아지고 변한 것이 없는데, 나는 점차 내적으로 강하고 힘 있는 사람이 되어가고, 내 주위를 둘러싼 환경과의 관계도 건강해진다.

감정노트

_____년 ___월 ___일

*ISSUE

사건에 대한 나의 1차적(우선적) 감정

*나의 감정

(긍정적 감정 vs. 부정적 감정)

*상황 정리

사건의 전후 상황 정리, 전체적으로 재구성 (시간적/공간적)

*상대방 입장 추론

*자기(감정) 패턴 발견

특정 상황이나 사람의 언행에 반응하는 내 감정 포인트 찾기

현실을 직면하면 자유로워진다

사람이 자유롭고 편안해지기 위해서는 완벽해지려고 하기보다는 현실을 직면하고 인정해야 한다.

조금 더 들여다보자면, 먼저 자신의 약점을 인정할 수 있어야 한다. 소위 팩트를 인정해야 한다. 그룹의 회장, 회장 사모님이 가진 것을 나도 가져야 하고, 예술가가 가진 재능을 나도 가져야 하고, 교수가 가진 머리와 스펙을 나도 가져야 한다고 생각하면서 불행이 시작된다.

사람들은 약점 때문에 불행해지는 것이 아니다. 약점에 대한 태도 때문에 불행을 자초하는 것이다. 내가 가진 결핍된 부분을 스스로 인정하면 누가 나에게 비난을 해도 괜찮다. 상처가 되지 않으며, 혹 상처가 되더라도 빨리 빠져나올 수 있다.

그렇게 할 수 있으려면 나 자신의 감정을 읽는 훈련을 해야 한다. 내가 누군가의 말에 상처를 받았다면, 당장 화부터 낼 것이 아니라 '아, 내가 이런 말에 상처를 받는구나'라고 자신을 살펴야 한다. 그렇게 객관적인 상황 파악이 끝나고 나면, 그 사람과 같이 갈 것인지 그렇게 하지 않을 것인지 결정하면 된다. 나의 유익을 위해 참고 함께 갈 수도 있고, 이해관계를 포기하고 앞으로 그 사람을 만나지 않을 수도 있다.

중요한 것은 내 감정을 잘 읽고 내가 내 삶을 선택하는 것이다. 상대방에게 화를 내거나 상대방이 바뀌기를 바라는 것은 나에게 아무 도움이 되지 않는다. 상대방이라는 사람도 하나의 주어진 현실로 인정해야 한다. 살다 보면, 불편한 사람을 만나는 것이 일상다반사다. 그 사람이 그렇게 생긴 것을 인정하고 대처 방안에만 집중하면 되는데, 감정을 개입시키면 일이 힘들어진다.

다음에는 이런 자리는 피해야겠다, 혹은 다음에는 이런 사람에게는 이렇게 대처해야겠다 하고 하나씩 배워나가는 과정이 필요하다. 그런데 감정만을 계속 따라가서 누구 때문에 불행한 일이 벌어졌고, 내 정체성이 흔들렸다고 자포자기하면서 상대방을 원망하고 저주하는 일은 도움이 되지 않는다. 우리는 늘 자신의 삶에 대해 깨어 있어야 한다. 그리고 무엇보다 먼저 나 자신에 대해 깨어 있어야 한다.

다양한 사람들과 관계를 하기 위해서는 다시 처음으로 돌아가 나 자신을 잘 알아야 한다. 내가 어떤 부분에 상처를 받고, 어떤 부분에 기쁨을 느끼는지 내 감정의 감각 포인트를 신체검사 하듯이 잘 알고 있어야 한다. 어떤 부분에 분노가 일어나면 '아, 나는 이런 부분에서 분노를 느끼는구나', 그리고 화도 나고 속으로 욕도 나오면, '아, 나는 이런 방식으로 화를 내고, 욕도 하는구나' 하고 파악할 수 있다.

과거에 어떤 사람은 내가 좀처럼 화를 내지 않는다며 그것을 정신병이라고 몰아붙이기도 했다. 하지만 분개하면 무엇하겠는가. 사람들은 화를 내면 화를 낸다고 정신병자라 하고, 화를 안 내면 화를 안 내서 정신병자라 한다. 그 장단에 일일이 맞출 필요는 없다.

사람은 칠정(七情)[9]이라는 감정을 갖고 있다. 감정이 없는 완벽한 인공지능 로봇 같은 사람은 없다. 흔들리고 상처받는 것까지가 나 자신이다. 화를 폭발적으로 내든 화를 내지 않고 꾹 참든 정신병자는 아니다. 그것은 우리가 겪어내야 할 부분이고, 냉철하게 직면해야 할 부분이다. 흔들리고 상처받는 것은 잘못된 것이 아니라 하나의 물리적인 현상일 뿐이다. 우리 자신에게 일어나는 사실 자체, 팩트인 것이다. 이 현실을 감출 것이 아니라 직시하고 통찰하고 자각해야 한다. 그래야 남에게 휘둘리지 않는 자기중심과 정체성을 가질 수 있다.

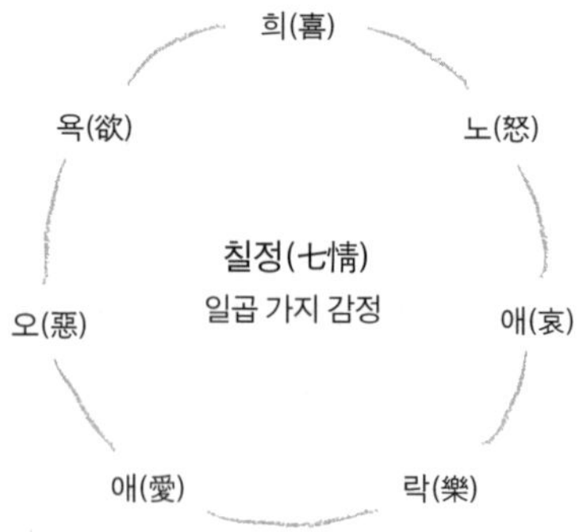

남들이 뭐라고 하든 내가 어떤 감정의 감각 포인트를 갖고 있는지 파악만 잘 하고 있으면 된다. 그러면 내가 내 감정을 어느 정도 조절할 수 있고, 내가 선택하는 삶을 살 수 있다. 현실을 직면하고, 나 자신을 잘 살피고, 나를 조절해 선택하는 삶, 그것이 자유로워지는 길이다. 완벽해져서 자유로워지는 것이 아니라 부족한 현실의 나를 직면하고, 인정해서 자유로워지는 것이다.

건강인, 원예치료로 거듭나기

원예치료는 어떤 요소를 통해 우리를 올포트의 건강한 사람으로 만드는 것일까?

원예치료는 원예치료사, 대상자, 식물을 포함하는 원예활동이다. 세 가지 요소가 서로 유기적으로 결합되어야만 원하는 결과, 건강한 사람을 만든다는 목적을 달성할 수 있다.

먼저, '원예치료사'가 해야 할 일은 대상자의 심신에 관한 문제들을 개선해 대상자를 건강하게 만드는 것이다. 원예치료사는 당연히 전문적인 지식을 바탕으로 대상자를 치료해야 하며, 그러한 전문지식을 고착화된 방식으로만 사용하는 것이 아니라 상황과 대상자에 따라서 융통성 있게 변용(變容)할 수 있어야 한다.

여기서 가장 중요한 것은 원예치료사가 단순한 전문지식을 가지는 것뿐만 아니라, 의료인들이 처음 의학에 입문할 때 히포크라테스 선서[10]를 암송하는 것처럼, 원예치료사 역시 치료 윤

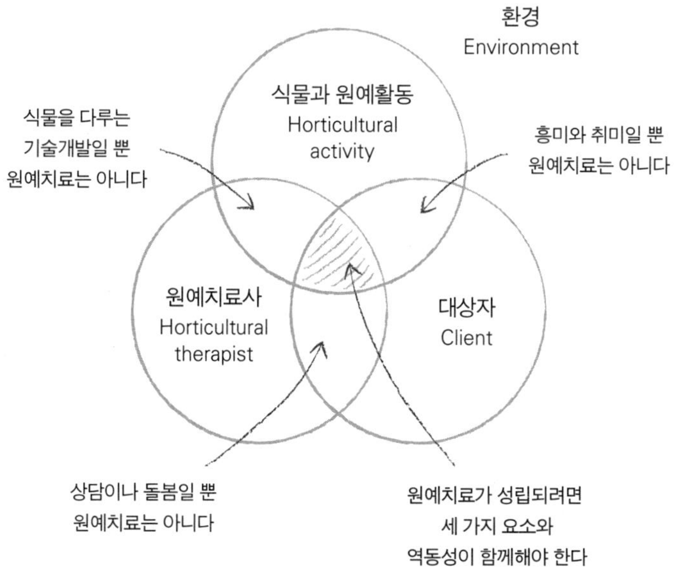

원예치료와 세 가지 역동적 모델

리를 숙지하는 것을 넘어 사람을 살린다는 사명감을 가져야 한다는 것이다.

다음으로 '대상자'는 수동적으로 치료해주기를 기다리는 존재가 아니라, 적극적으로 자신의 문제를 드러내고, 치료의 방향이나 내용에 대한 의견을 공유하면서 문제를 함께 해결해나가는 사람이라고 할 수 있다.

최근의 추세를 살펴보면, 원예치료의 대상자가 점차 확산되고 있다. 원예치료의 대상자를 과거에는 정신질환자로 한정지었지만, 지금은 자연과 점차 격리되기 시작한 현대인들이 모두 포함된다. 현대사회가 급격히 도시화되고 도심을 중심으로 문명이 형성되다 보니 자연을 접하기가 어려워졌고, 그로 인해 많은 일반인들도 정신적인 괴로움을 호소하고 있는 실정이다. 따라서 현대 원예치료는 그 대상자를 일반인까지 포함하고 있다.[11]

마지막으로 '원예활동'은 직관적으로 쉽게 이해할 수 있는 것인데, 대상자가 건강한 사람으로 회복되는 과정에서 활용되는 모든 원예와 관련된 현상과 활동들로 각종 프로그램, 재료, 방법, 실행, 평가 등을 포함된다.

여기서 생각해볼 것은, 전문적인 원예치료에 한정해 보았을 때, 원예치료의 세 가지 구성요소 중에서 보다 중요한 것은 앞의 두 가지, 즉 치료사와 대상자라는 것이다. 원예활동을 활용하여 대상자의 문제를 해결하는 것이 원예치료의 중심적인 주제라고 할 수 있다. 말하자면 원예활동을 도구 삼아, 대상자와 치료자가 서로 잘 공감하고 교감하는 것이 무엇보다 우선되어야 한다.

결론적으로, 이 세 가지 요소의 유기적 결합이야말로, 일반인을 포함한 많은 신체적·정신적 질환자들을 건강한 사람으로 거듭나게 할 수 있는 원예치료의 토대가 된다. 물론 치료자는 대상자와 동등한 관점에서 헌신성을, 대상자는 보다 적극적이고 열린 마음을 발휘해야 한다.

3장 자신을 바로 세우기

인생을 살아가면서 발생하는 대부분의 정신적 문제들은 자존감 부족으로 일어난다. 자존감이 없으면 다른 사람에게 자신의 행복을 맡기는 정신적 노예가 될 수 있다. 그래서 자존감은 삶을 살아가는 데 매우 중요하다.

자존감은 자신의 본질을 찾는 것에서 출발한다. 우리는 혼란스러운 가면들 때문에 자신의 진짜 모습을 오해하고 있다. 자신을 둘러싸고 있는 가면들을 있는 그대로 인정하고, 그 이면에 언제나 변함없이 존재하는 나 자신의 본질을 찾아야 한다.

그 한결같은 자신을 찾을 수 있다면 내가 어떤 위치에서 어떤 역할을 맡고 어떤 이름으로 불리든 마음 깊은 곳에서부터 당당하게 삶을 살아나갈 수 있다. 마치 동네 친구들과 신나게 놀다가 언제든 집으로 돌아가 엄마 품에 안길 수 있는 아이처럼 말이다. 이제 우리가 정신의 타향 생활을 그만두고 편안한 고향으로 돌아가고 싶다면 당장 지금 쓰고 있는 가면을 벗고 자신의 진짜 얼굴을 대면하는 용기를 가져야 한다.

자신의 본질적인 모습을 되찾고 그것을 인정하고 존중하는 과정에서 자존감을 가질 수 있고, 자신을 바로 세울 수 있다. 그렇게 나 자신으로 살아도 두렵지 않게 되는 경험을 해야 한다.

위대한 인물이 되기 전에 먼저 자기 자신이 되어야

한 종교 모임에서 별명이 엔젤인 사람을 만난 적이 있다. 사람들이 모두 그녀를 엔젤 혹은 천사라고 불렀다. 자신도 그렇게 인정하고 있었으니 그녀는 자타가 공인하는 천사였던 셈이다. 과연 나는 그녀가 그런 사람일까 의혹을 가졌다. 절대적인 천사는 하늘에나 있는 것이고, 세상에 완벽한 사람은 없는 법이라고 여겼기 때문이다.

예전에 한 다큐멘터리 프로그램에서 자식의 이름을 미국 대통령 이름으로 지은 아버지를 보았다. 나는 그 프로그램을 보면서 아이가 자라면서 놀림도 놀림이거니와 평생 얼마나 많은 부담감을 안고 살아갈까 하고 걱정했다. 같은 맥락에서 엔젤 그녀도 실상은 자신의 그런 별명을 부담스럽게 생각하지 않을까 생각했다. 물론 실제로 그녀가 명실상부한 엔젤이라면 더할 나위 없이 좋은 일이기는 하지만 말이다.

사람들은 그녀를 피상적으로만 파악하고 있었다. 모든 행사가 끝나고 나면 뒷정리를 하는 것은 그녀의 몫이었다. 집사, 선교사를 비롯해 모든 구성원이 꺼리는 일도 그녀가 도맡아 했다. 그녀는 자신의 주장을 내세우지 않고 말수가 극도로 적었다. 이런 모습들은 그녀가 엔젤로 불리기에 충분한 근거가 되어 주었다.

엔젤과 대화를 나눌 기회가 생겨 그녀에게 왜 자신을 천사라고 생각하는지 물어보았다. 사람들에게 그런 말을 자주 듣다 보니 자신도 이제 그런 것 같은 느낌이 들었다고 답했다. 그리고 천사라고 칭송받는 것은 좋은 일이며, 신실한 신자(信者)라면 그런 사람이 되기 위해 평생 노력해야 한다고 생각한다는 것이었다.

하지만 절대자 앞에서는 벌거벗은 모습인 본질적인 실체 자신을 볼 수 있어야 한다. 그렇지 않고 남들이 평가하는 자기 자신으로 스스로를 포장해버린다면 위선에 빠진 도식적 삶을 살게 되고, 신도로서 신 앞에 가까이 다가갈 수 없다.

그녀가 궁금해진 나는 이어 질문했다. "진심으로 좋아서 그런 봉사를 하는 거야, 아니면 사람들이 좋게 평가해주고 칭찬해주니까 하는 거야? 아무도 칭찬하지 않아도 그렇게 할 수 있겠어?" 그녀는 혼란스러워했다. 대화를 계속 나누다 보니 그녀의 답변에서 앞뒤가 맞지 않는 부분들을 발견하게 되었고, 그녀의 성장 과정도 듣게 되었다.

그녀는 어린 시절 힘든 가정환경에서 자랐다. 그런 모습을 남들에게 보여주기 싫었고, 언제나 깔끔하고 정갈한 모습을 보이려고 노력했다. 뭐든 깨끗하게 하려고 했고, 남들에게 부잣집 아이 같은 모습을 보여주고 싶었다고 했다. 가난한 집 아이처럼 보이지 않게 자신을 포장하고 꾸미는 것이 훈련된 것이다.

나는 그녀에게 이렇게 말해주었다. "너는 사람들과 적당히 거리를 두면서 너의 이미지를 만들고, 편리에 의해 그것을 즐기고 있는지도 몰라. 그런 이미지가 자기화되어버린 것이고, 너도 그게 너 자신이라고 착각하는 거지. 그런데 적어도 우리는 하나님 앞에서는 그렇게 행동하면 안 되는 거야. 네가 앞으로도 그런 모습을 보이고 그런 칭찬을 받는 건 나쁘지 않아. 하지만 신께는 진짜 네 모습을 보여주도록 노력해봤으면 좋겠어. 그러려면 먼저 진짜 네 모습이 무엇인지 찾아야겠지. 어쩌면 보기 싫게 부족한 부분도 있고, 스스로 인정하고 싶지 않았던 부분이 있을지도 몰라."

사람들은 자기가 만들어놓은 이미지를 놓지 못한다. 그것을 놓으면 무너질 것 같기 때문이다. 하지만 본질은 언제나 드러나기 마련이고, 만들어진 이미지는 언제라도 물가에 모래로 쓴 이름처럼 허망하게 사라지기 마련이다.

마음의 근육 만들기

우리는 자기 자신으로 살아야 다른 사람에게 의존하지 않고 충만한 행복감을 느낄 수 있다. 진정으로 내가 선택한 삶을 살아야 하고, 그러려면 포장되지 않은 나를 발견해야 한다. 솔직한 내 모습으로 사는 훈련을 해야 한다. 그래야 과잉되어 모가 난 부분도 다듬어지고, 부족한 부분도 채워나가면서 진솔하면서도 더 나아진 나로 발전시켜나갈 수 있다. 하지만 포장된 가면과 실질적인 나를 동일시하면 그러한 문제점들은 감춰진 채 언젠가 뛰쳐나와 나 자신과 관계를 붕괴시켜버릴 수 있다.

모든 일이 그렇지만, 솔직한 자신이 되는 일에도 세심하게 고려해야 할 사항이 있다. 솔직해져서 자괴감에 빠지라는 것이 아니다. 솔직하게 자기 자신을 있는 그대로 인정하는 것이 바로 긍정(肯定)하는 힘이며 긍정적인 사고방식이다. 있는 그대로의 나, 존재 자체로서의 나를 인정하고 좋아하는 것이 긍정이며, 그러한 긍정적 마인드를 가질 때 건강한 생활을 할 수 있다. 내 모습을 있는 그대로 보되, 비교하면서 열등감이나 자괴감에 빠지지 말고, 그 자체로 존중하면 된다.

솔직한 모습으로 사람들에게 다가가면, 여러 가지 상처가 되는 말을 들을 수도 있고, 비판에 직면할 수도 있다. 처음에는 여린 마음에 생채기가 생길 수 있다. 하지만 상처에 점차 딱지가 앉아 굳은살이 되고, 마음에도 근육이 생긴다. 그렇게 솔직함으로 만들어진 굳은살과 근육은 나를 지켜주는 든든한 갑옷이다. 나 자신으로 살아도 두렵지 않게 되는 것이다. 니체 역시 《짜라투스트라는 이렇게 말했다》에서 '자신을 진정으로 사랑하기 위해서는 먼저 무엇인가에 온 힘을 쏟아야 한다. 자신의 다리로 높은 곳을 향해 걸으면 고통이 따르지만, 그것은 마음의 근육을 튼튼하게 만드는 고통이다' 라 하였다.

끝으로 한 가지 덧붙이면, 솔직하라고 해서 무례해도 좋다는 말은 아니다. 솔직함을 핑계로 사람들에게 말을 함부로 하거나 천방지축으로 행동해서는 안 된다. 남에게 상처 주는 말을 하고 나서는, 내가 좀 솔직해서 그렇다느니 외국에서 살다 와서 그렇다느니 하고 변명하는 사람이 있다. 솔직한 자신의 감정을 알고 있는 것과, 그것을 때와 장소, 상황을 무시하고 있는 그대로 표현하는 것은 다른 문제다. 레스토랑에서 식사하다가 화장실 가면서 '일 보러 간다'고 이야기하지 않는 것처럼, 예의를 잃어서는 안 된다. 로마에 가면 로마법을 따라야 하는 것처럼 다른 나라를 가면 그 나라의 문화에 맞춰야 하고, 또 어떤 모임에 나가게 되면 그 모임에 맞는 최소한의 매너는 익혀야 한다. 핵심은 나의 진짜 생각과 감정이 무엇인지 자각하는 것이다. 그래야 다른 사람의 평가나 세상의 물결에 휩쓸리지 않고, 언제든 진짜 자기 자신으로 돌아가 쉴 곳을 찾을 수 있다.

페르소나를 넘어

우리가 쓰고 있는 인격적 가면, 즉 페르소나(persona, 가면을 쓴 인격)[12]를 처음 이야기한 사람은 심리학자 카를 융[13]이다. 분석심리학으로 유명한 융은 인간이 사회에 적응하기 위해 터득한 사회적 역할을 페르소나라고 했다. 페르소나는 자의식이 외부의 세계와 관계를 맺을 때 만들어내는 새로운 인격이라고 할 수 있다.

페르소나는 성 역할, 연령, 혼인관계, 회사, 학교 등에서 각기 다른 모습으로 나타난다. 그런데 이 역할에는 각기 다른 규범과 태도가 존재하게 된다. 페르소나는 고정된 것이 아니라 개별적인 상황에 따라서 변화한다는 것이다.

페르소나는 다양한 방식으로 외면화될 수 있다. 누군가에게 불리는 이름을 가장 기본으로 하여, 몸에 착용한 제복과 같은 의복, 사용하는 용어 등 다양한 기제에 의해 우리는 무엇인가로 규정된다. 페르소나는 강력한 행동규범을 만들어내는 특성이 있다. 특정한 상황에서 특정한 역할을 맡는 것에 대해서는 누구도 거부감을 갖지 않는다. 그것은 사회라는 시스템을 구동하게 하는 기본적인 톱니바퀴와 같은 역할을 하기 때문이다.

페르소나의 힘은 막강해서 때로는 삶 자체를 페르소나와 동일시하는 문제를 일으키기도 한다. 배우가 연기가 끝나고 나서도 극중 인물과 자신을 혼동하기도 하고, 갑자기 학교를 중퇴해 페르소나가 사라진 학생이 당장 뭘 해야 할지 몰라 혼동스러운 상황이 생기기도 한다.

자신의 페르소나가 무엇인지 인식조차 못 하는 사람도 많다. 페르소나는 원래 그리스 배우들이 공연할 때 쓰는 가면을 가리키는 말이었다. 우리나라로 치면 탈춤 공연할 때 쓰는 탈과 같은 것이다. 늘 탈을 쓰고 생활하면 탈과 나를 분간하지 못하는 상황이 벌어진다. 외국으로 여행을 떠났을 때나, 갑자기 오랫동안 근무한 회사에서 퇴직한 것처럼, 그 상황에서 완전히 벗어났을 때 자신의 페르소나가 무엇인지 확연히 깨치게 되는 계기가 마련되기도 한다.

문제는 페르소나에 빠져 있는 동안 내면 성장에 소홀해지기 때문에, 가면이 벗겨졌을 때 심각한 정신적 혼란과 고통에 시달린다는 것이다. 페르소나에 빠져 있는 동안에도 자신을 잃고 공허한 상태에서 생활하거나, 자신과 현실을 왜곡해 바라보기도 한다. 극도로 이중적인 성격이 나타나기도 하고, 불안과 우울에 시달리기도 한다. 따라서 우리는 평소에 현실을 떠난 것과 같은, 외계 혹은 외국에서 나의 현실과 내 모습을 바라보는 것처럼 페르소나를 떠난 자신의 진면목(眞面目)을 바라보는 훈련을 해야 한다.

페르소나와 자신을 일치시키는 것은, 그래서 사람들에게 언제든 혼돈과 상실의 괴로움을 줄 수 있다. 한국처럼 관계지향적인 사회에서는 더욱 가면과 나를 일치시키려는 경향이 강하다. 하지만 그것을 내려놓는다고 해도 무너지지 않는 자기 자신이 있다. 우리는 그것을 찾고 언제든 그곳으로 돌아갈 수 있어야 평안을 얻는다.

있는 그대로의 세상을 보기

과거에 나는 가정과 학교에서 교육받은 대로 세상을 보았다. 머리에 하나의 틀을 갖고 있었고 그 틀로 세상을 보았다. 이상한 것을 보면 이상하다고 판단해야 하는데 무슨 일이 있었겠지라고 하는, 교육받은 대로 피상적인 해석을 했던 것이다. 교육자이셨던 부모님은 세상을 좋은 쪽으로 바라보는 틀을 심어주셨는데, 그것을 반복하다 보니 나에게는 하나의 습관처럼 되어버렸다.

그렇지만 내가 내 인생을 살아나가며 많은 것을 잃어도 보고 직접 부딪치고 깨지면서, 세상을 보다 입체적으로 파악하고 본질적인 면을 볼 수 있게 되었다. 큰 틀이 잘못된 것은 아니었기에 내가 세파(世波)를 겪고 사람이 변화된 것이 아니라 더 구체화되고 다듬어진 것이라고 여긴다.

과거에는 배운 이론으로 판단하고 행했던 것을 지금은 내 주관을 갖고 판단하고 행동한다. 과거에는 다양한 사람들이 존재하는 것, 이런저런 사람들이 존재한다는 것을 배워서만 알고 있었다. 영화나 드라마의 배우들과 같이 표피(表皮)적인 부분으로만 알고 있을 뿐 그들을 정확하게 이해하지 못했다. 그런데 이제는 실제로 그런 사람들이 존재한다는 것도 알고, 또 그들이 구체적으로 어떤 방식으로 움직이는지도 안다.

나 자신이 크게 변하거나 새로워진 것도 아니고, 세상도 변하지 않고 그대로인데, 눈이 밝아진 것 같은 느낌이다. 내 시선으로 세상을 보는 힘이 어느 정도는 생긴 것이다. 이렇게 세상을 있는 그대로 보려면, 세상을 직면하는 훈련을 해야 한다.

감정합의를 하고 있다면

나는 감정합의라는 말을 종종 쓴다. 자기합리화[14]와 비슷한 말이다. 다른 점이 있다면 자기합리화는 논리적이면서 자기 자신을 속이는 반면, 감정합의는 자신이 알고 있으면서도 그 감정을 숨기고 적절히 포장하는 것이다. 그러곤 그 감정에 합의하며 살아가는 것인데, 감정합의도 오래 지속되다 보면 자신도 그 합의된 감정 속에 갇히게 된다.

충분히 곱씹고 느껴야 할 감정들이 있다. 슬픔, 외로움, 수치심, 분노, 미안함 등등의 감정인데, 우리는 그것을 적절히 포장해 덮어버린다. 떠올리면 괴로우니까 자신의 표면적 의식 속에 끄집어 내놓지를 못한다. 하지만 대충 얼버무리면서 합의하면 안 된다. 감정을 직면해야 상처에 딱지가 앉고 내면의 힘을 기를 수 있다.

'아, 내가 여기에 대해서는 화를 낼 줄 아는구나', '아, 내가 이런 부분을 부끄러워하는구나'. 이런 감정을 느끼면 한편으로는 감사할 줄 알아야 한다. 감정을 느끼는 것은 우리가 인간으로 살아 있다는 가장 명확한 증거 중의 하나이기 때문이다. 감정합의를 하고 그 감정을 직면해야 우리는 보다 성장하고 발전적인 사람이 될 수 있다.

직면하면 발전할 수 있다

나는 신앙생활을 하는 동안 줄곧 주일학교 교사를 해왔다. 고등부 주일학교를 맡던 시절, 제자 중에 대학에서 피아노를 전공하려고 준비하는 학생이 있었다. 음대를 가기 위해서는 경연대회 수상 이력이 필요했다. 그 아이를 따라 대회에 함께 간 적이 있었는데, 경연과 시상이 모두 끝나고 나서 그 학생이 푸념하듯이 말했다. 저 친구는 연습도 안 하고 실력도 없는데 상을 받는다는 것이었다. 그 말을 들은 나는 조금 의아한 기분이 들어 이렇게 말해주었다.

"너 저 친구와 24시간 동안 같이 있었니? 네가 안 보이는 곳에서 연습했을 수도 있잖아. 혹은 저 친구는 하늘로부터 부여받은 타고난 달란트[15], 재능이 탁월할 수도 있는 것이지. 너만의 판단으로 그렇게 말하면 곤란해. 네가 친구의 수상을 진심으로 축하해주지 않으면, 네가 수상했을 때 다른 아이들도 그렇게 바라볼 수 있어. 그러면 너무 억울하지 않겠니? 설사 네 말대로 친구가 운이 좋았다고 하자. 그러면 네게도 또 운이 올 수 있겠지. 좀 서운하더라도 진심으로 축하해주자. 다음에 또 기회가 있잖아."

며칠 뒤 편지가 왔는데 선생님의 이야기를 듣고 생각이 바뀌었다고 했다. 친구를 시기하는 마음을 갖고 있다가, 그것을 인정해주고 나니까 마음이 편해졌다고 했다.

안타깝게도 그 학생은 그해에 대학에 진학하지 못하고 재수를 했다. 그 학생이 고등부를 졸업한 이후 어느 날 우연히 만났다. 그 학생은 닭똥 같은 눈물을 흘렸다. 재수를 하며 얼마나 힘들었겠는가? 부모님이 주말부부를 하며 자기를 대학에 보내려고 지방에서 일하신다고 했다. 그러니 깊은 죄책감에 빠져 있었던 것이다. 그래서 나는 또 이런 말로 위로해주었다.

"부모님이 너에게 할 수 있으니까 해주시는 거야. 너는 자책하지 말고, 그냥 감사하면 돼. 그 마음을 알고 열심히 하고 있잖아. 그럼 됐어. 부모 역할까지 네가 신경 쓸 건 아니야. 또 대입 실패의 아픔은 네 음악 속에 녹여낼 수 있는 좋은 경험이 될 수도 있잖아. 너는 너만의 과정을 걸어가고 있을 뿐, 끝난 게 아니야."

다행히 학생은 다음 해에 대학에 합격할 수 있었고, 누구보다 먼저 나에게 그 소식을 들려주었다. 학생에게 필요한 것은 주어진 상황을 인정하고 받아들일 수 있는 용기였고, 나는 그녀 안에 내재되어 있는 능력을 약간 자극해주었을 뿐이었다. 잠시 망각하고 있었을 뿐, 그것은 그녀가 원초적으로 가지고 있는 힘이었다.

상대방의 실력을 그대로 인정해줄 수 있는 용기가 있으면 괴롭지 않다. 실패를 인정하고, 부모님이 그런 나를 도와주고 계시면 그것 또한 감사한 마음으로 받아들이고, 나는 나에게 주어진 길을 계속 걸어가면 된다. '이건 사실이 아닐 거야', '~했더라면 얼마나 좋았을까'라는 식으로 현실을 부정하면, 다람쥐 쳇바퀴 돌듯 허망하고 고통스러운 감정의 수레바퀴에서 벗어날 수 없다.

왜 나는 최고여야 하고 다른 사람은 최고이면 안 되는가? 왜 나에게 오는 행운은 당연한 것이고, 다른 사람에게 가는 행운은 안 되는가? 사실을 있는 그대로 보아야 한다. 사실을 있는 그대로 객관적으로 볼 수 있으면 거기서부터 출발해 발전해나갈 수 있는 법이다.

후일 그 학생이 유학 문제를 상담했을 때도, 환경적으로 넉넉하지 않아 남들 방식을 따라가려고 하면 불가능하게 느껴질 수 있으니 너만의 방식을 찾아보라고 조언해서, 자기 힘으로 갈 수 있었다. 주어진 환경을 있는 그대로 인정하고 주체가 되어 상황을 만들어나가면 문제를 해결할 수 있다. 현실을 직시하고 직면하지 못하면 다음 단계로 나아갈 수 없는데도 사람들은 지금 당장 불편하다고 해서 눈을 가려버린다. 그러고 나서 떳떳하지 못한 방식으로 일을 처리하면 늘 마음이 불편하고 불안해진다. 남이 징계를 하지 않아도 스스로를 계속 징계하게 되는 것이다.

단순하고 분명한 진리는 자기 자신과 주어진 상황을 직면하고 인정하면 당장 마음의 평화를 얻고, 장차 불안할 일을 만들지 않을 수 있으며, 자신이 원하는 방향으로 점차 발전해 나갈 수 있다는 것이다.

원예치료로 나와 교감하기

원예치료는 자신의 진면목으로 살아가도록 하는 마음의 근육을 어떤 방식으로 길러주는 것일까? 그것은 원예치료만의 특징에 대해 생각해보는 것으로 답을 찾을 수 있다.

첫째로, 원예치료는 생명력이 가득한 치료다. 살아 있는 생명체를 매개로 치료하기 때문에 무생물을 다루는 것보다 훨씬 더 생동감이 있고, 생명체가 변해나가는 모습을 보며 살아 있는 것과 교감하는 과정을 통해 치료효과를 얻을 수 있다. 자연의 살아 있는 생명체는 거짓말을 하지 않는다. 그러한 생명체와 교감하면서 우리도 자기 자신에게 솔직해지는 훈련을 할 수 있게 된다.

둘째로, 원예치료는 파괴와 복원의 과정을 거친다. 원예치료는 꽃다발, 꽃바구니를 만들거나 누름꽃으로 부채를 만드는 등 때로는 꽃을 잘라내고 말리고 풀로 붙이는 경험을 하게 된다. 그 외에 정원 활동 역시 일부 생명체를 파괴하는 과정을 거

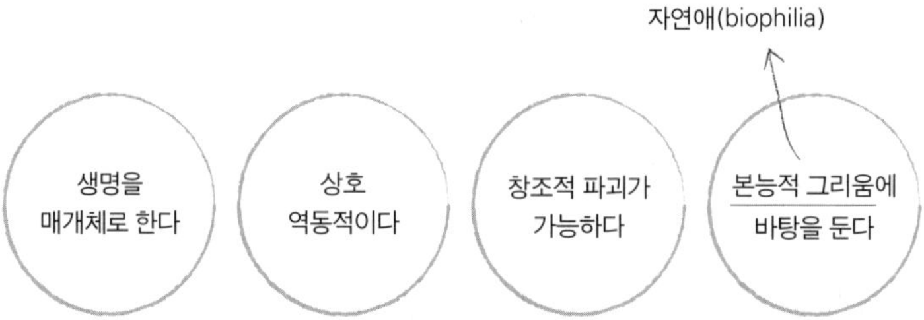

원예치료의 독특성

친다. 하지만 그러한 파괴는 새로운 작품으로 탄생함으로써 파괴로 끝나지만은 않는다. 우리가 삶이나 대인관계에서 받는 상처도 마찬가지다. 파괴적인 과정으로 정신적 스트레스와 질환을 겪을 수 있지만, 그것을 새로운 관계와 삶을 만드는 밑거름으로 삼아 거듭날 수 있다.

셋째, 원예치료는 상호교감을 할 수 있다. 식물은 내가 관심을 기울이고 정성을 쏟은 만큼 변화된 모습, 생명력이 가득하고 아름다운 모습을 보여준다. 물론 지나친 관심은 식물이 부담스러워하기도 한다. 섬세하게는 서로 사랑의 감정을 나누고, 때로는 무관심하게 서로 거리를 두기도 하고, 다투고 화해하는 과정까지도 있다. 이렇게 생명체와의 안정적인 상호교감을 통해 나 자신의 효용과 실체를 발견하고, 튼튼한 마음의 근육을 길러내는 경험을 할 수 있다.

끝으로, 원예치료는 고향에 온 것 같은 푸근함과 안정감을 준다. 식물은 다른 미생물이나 동물처럼 나를 다치게 하지 않으면서 좋은 향기와 다채로운 색감과 신선한 공기를 준다. 우리가 자연에서 태어나 흙으로 돌아가는 것처럼, 자연은 우리에게 고향과 같이 평화로운 에너지, 언제든 돌아가서 쉴 수 있다는 안정감을 제공함으로써, 우리가 거친 세계로 나갈 수 있는 힘을 복원하게 해주고, 내가 나 자신의 모습으로 살아도 잘 살아갈 수 있다는 자신감을 부여한다.

4장 부활을 위한 긍정의 힘

현실을 객관적으로 인식하고 자신의 가면과 본질을 구분하는 힘도 생겼다면, 현실의 자신을 지금까지와는 다른 새로운 에너지로 채워야 한다. 맞닥뜨린 현실이 너무나 힘들고 이미 지쳐 있을 수도 있다. 세상에 대한 원망과 저주가 생길 수도 있을 것이다. 혹은 그렇지 않더라도 누군가를 미워하거나 미래에 대한 불안으로 때때로 부정적인 에너지가 떠오르는 것을 피하기는 어려울 것이다. 이제 그런 어둠의 상태에서 벗어나 부정의 에너지를 비우고 긍정의 에너지로 채워 새롭게 살아가는 힘을 가져야 한다.

미국 건국의 아버지 벤저민 프랭클린은 "빈 자루는 똑바로 설 수 없다"고 했다. 나를 발견했어도 멈추거나 비워두기만 하면 또다시 부정적인 에너지가 언제든 우리 안에 틈입(闖入)하려고 시시때때로 기회를 노린다. 그전에 먼저 긍정적인 에너지로 우리 자신을 가득 채우자. 이 장에서는 그 방법들에 대해 생각해볼 것이다.

나무는 모두 다르다

숲에서 살던 사슴이 화살이나 총을 맞으면 어떻게 될까? 치명상을 입고 죽거나 부상을 당한 채 비틀거리며 살아갈 것이다. 사슴이 제때 치료받지 못한다면 어떻게 변할까? 맑은 눈망울로 나무와 나무, 꽃과 꽃 사이를 천진난만하게 뛰어다니던 사슴은, 흐리고 혼탁해진 눈빛으로 거친 숨을 내뿜으며 어쩌면 일생 사냥꾼을 저주하고, 자신의 운명을 원망하면서 죽는 날까지 비극적인 시간들을 영위할지도 모른다.

우리네 인생도 살아가다 보면 이렇게 화살 맞은 사슴처럼, 먹다 버린 깡통처럼 찌그러질 때가 있다. 물론 누가 그것을 원했겠는가?

〈사슴 사냥〉이라는 제목의 영화가 있다. 영문 제목으로 〈디어 헌터〉(Deer Hunter)인데, 1978년에 개봉한 베트남전쟁 소재의 영화다. 간단한 줄거리는 이렇다.

제철소에서 함께 일하며 절친했던 세 명의 동네 친구 마이클, 스티븐, 닉은 베트남전쟁에 동원되어 함께 입대하게 된다. 작전 도중 포로로 잡힌 이들은, 베트콩이 즐기던 러시안 룰렛[16] 게임 도중 탈출을 시도한다. 스티븐은 수용소에서 룰렛 게임 총성이 들릴 때마다 머리를 감싸 쥐며 괴로워했고, 베트콩의 강요로 룰렛 게임에 참가했던 닉과 마이클은 그런 스티븐을 챙겨서 탈출에 성공한다.

전쟁통에 뿔뿔이 흩어졌다 홀로 고향에 돌아온 마이클(로버트 드니로 분)은 마을 입구에서부터 온종일 영웅 대접을 받았지만, 두 다리를 잃은 친구 스티븐과 조우해야만 했고, 닉이 행방불명되었다는 것을 알게 된다.

닉을 찾아 다시 베트남으로 돌아간 마이클은 수소문 끝에 도박장에서 닉을 발견한다. 사람의 목숨과 거액을 맞바꾸는 러시안 룰렛 게임이 벌어지는 도박장이었다. 손에 돈을 쥐고 고함을 지르는 광기 어린 군중 속에서, 친구도 알아보지 못할 정도로 이미 이성이 마비된 닉을 구출하기 위해 게임에 직접 참여한 마이클은 한 자루의 총을 놓고 닉과 마주하게 된다. 자신의 머리에 총구를 겨누고 방아쇠를 당기며 죽게 될지도 모르는 절체절명의 상황에서 마이클이 닉에게 말한다.

"닉, 나무는 모두 다르다고 했잖아!"

마이클의 절규는 닉의 기억을 떠오르게 하기 위함이었다. 세 사람이 베트남전쟁의 참상 속으로 들어가기 전이었던 영화 전반부, 산속에서 사슴 사냥을 중단하고 숲속 풍광을 즐기던 중, 본래 자연과 나무를 사랑했던 닉이 마이클에게 했던 말이 있었다. "나무는 비슷해 보이지만 자세히 보면 모두 달라." 결국 이 장면은 복선이었던 셈이다. 생명에게 가해지는 전쟁의 끔찍한 폭력과, 나무는 모두 다르다는 메시지가 묘하게 어우러지면서 감동을 주는 영화였다.

어느 쪽이냐고 묻는 세상의 폭력 앞에서

세상을 살다 보면, 때론 넋처럼 이성이 마비될 정도로 폭력적인 상황을 만나게 된다. 그리고 그 상처는 이내 우리를 지배한다. 곧게 자라던 나무가 뒤틀리고, 고왔던 잎사귀는 누렇게 변하는 것처럼 병이 든다.

불행했던 인류의 20세기는 전쟁과 갈등으로 점철되어 있었다. 세계대전, 한국전쟁, 베트남전쟁, 미소의 냉전으로 이어지던 시대, "너는 어느 편이냐?"라는 질문이 우리를 지배했다. 김훈 작가의 에세이《너는 어느 쪽이냐고 묻는 말들에 대하여》라는 책도 있지만, 우리나라 역시 한국전쟁을 통해 이러한 끔찍한 경험을 절절하게 겪어야만 했다. 한밤중에 갑자기 들이닥친 군인이 얼굴에 손전등을 비추고, 머리에는 총을 겨눈 채 '어느 쪽'이냐고 묻는 시절이 있었다.

소비에트연방의 해체와 함께 동구 공산권이 몰락했고, 독일이 통일되면서 세계는 다극(多極)화되었지만, 안타깝게도

2020년이 넘어간 지금도 세계 곳곳에서는 국지전이 벌어지고 여전히 국가 간, 민족 간의 갈등이 끝나지 않고 있다. 한국사회 역시 양편으로 극명하게 나뉘어 다툼을 멈추지 않는다.

20세기를 살았던 유명한 인본주의 심리학자 칼 로저스[17]는 "'당신이 나와 같기 때문에 나는 당신을 배려합니다'가 아니라, '당신이 나와 다르기 때문에 나는 당신을 존중하고 소중히 여깁니다'라는 것이 서로를 바라보는 인간의 자연스러운 성향이 되어야 한다"고 역설했다.

이러한 상황에서 "나무는 모두 다르다"는 닉의 말은 왜 우리의 가슴에 와닿는 것일까? 우리는 언제든 자신의 고유한 가치를 되찾을 수 있어야 한다. 우리가 이 세상에 올 때는 모두 다 본연의 가치를 지니고 왔다. 그 가치는 바로 각기 다른 고유한 성질이다. 그 고유한 성질은 우리가 무엇인가를 잘해 획득한 것이 아니다. 그저 존재 자체로서의 특질이다.

우리는 세상의 폭력 앞에서 자신을 비하하기를 멈추고, 오직 존재한다는 것만으로 가지는 자신의 고유한 가치를 떠올려야 한다. 손전등 불빛에 하얗게 앞이 보이질 않는 것처럼, 어지러운 상황에서도 정신을 잃지 말고 깨어 있어야 한다. 세상이 나를 그렇게 대했다고 해서 나 자신마저 나를 찌그러뜨려서는 안 된다.

동양철학과 불교에서는 화살에 맞았을 때 누가 화살을 쏘았는지를 따질 일이 아니라, 먼저 그 화살을 뽑는 데 집중해야 한다는 말이 있다. 물에 빠졌을 때도 누가 나를 물로 집어넣었으며 내가 왜 이런 한심한 실수를 했는지 따져보는 것이 급한 게 아니다. 먼저 물에서 빠져나와야 한다. 이유를 따져보는 것은 그다음에 해도 늦지 않다. 우리는 인생에서 큰 좌절을 겪을 때 종종 논리적으로 따지며 원인을 분석하느라 우울한 고민 속에 빠져 세월을 허비하며 육체와 정신이 썩어가는 일을 방치하는 우(愚)를 범하는 경우가 많다.

먼저 세상의 폭력으로부터 찌그러진 나를 펼 수 있다면, 화살을 뽑고 제대로 치료를 받을 수 있다면 우리 인생도 달라질 수 있다. 자신을 바로 세우고, 원망과 저주가 아닌 싱그러움으로 가득한 본연의 초록빛 생명력을 되찾을 수 있다. 그 치유는 때로는 사람과 같은 또 다른 대상에 의해 혹은 신과의 절대적인 만남에 의해 혹은 자기 자신 스스로의 힘에 의해 가능할 것이다. 나는 이 책을 통해 독자들과 그 길을 동행하고자 한다.

선택할 수 있는 것은 삶에 대한 태도

삶의 벽에 부딪혀 스스로를 쓸모없는 사람이라고 여기며 좌절에 빠져 있었던 사람에게는 이 과정이 큰 도움이 될 수 있다. 비록 세상의 폭력과 차가운 시선에 의해 처절하게 무너졌어도 시든 꽃이 부활하듯 자신도 다시 활력을 얻을 수 있다는 인식의 전환을 가지게 되는 것이다.

코페르니쿠스적인 인식의 전환이라고 하면, 에픽테토스[18]를 떠올릴 수 있다. 2천 년 전 로마에서 활동했던 에픽테토스는 특이하게도 노예 출신의 철학자다. 출신은 요즘 표현대로 하자면, 흙수저 중의 흙수저였던 셈이다. 하지만 완벽한 사람이 누가 있겠는가? 인생을 처음 사는 아마추어인 우리는 누구나 특정한 부문에 있어서는 흙수저다.

에픽테토스는 비록 노예로 출발했지만, 로마의 황금기를 구가했던 5현제[19] 중의 한 명인 마르쿠스 아우렐리우스의 존경을 받았고, 하드리아누스 황제에게 초청받아 극진한 대접을 받았다. 그는 오로지 자신의 위대한 정신만으로 노예에서 해방되었고 자신의 학교를 세우고 제자들을 육성하며, 당대의 숱한 대중에게 추앙을 받았다.

에픽테토스의 핵심 철학은 이것이다. 인간을 고통 속에 빠뜨리는 것은 그에게 일어난 사건이 아니라 그것을 대하는 태도이다. 일어난 사건에 대해 어떤 태도를 취하느냐에 따라서 지옥 같은 불행 속에 빠질 수도 있고, 평안한 일상을 누릴 수도 있다. 된서리를 맞고 시든 꽃같이 되었어도 얼마든지 우리의 마음가짐에 따라서 부활할 수 있는 것이다.

에픽테토스는 말한다. "신에 대한 존중의 마음으로 자신을 존중하라." 에픽테토스는 인간이 신성을 내면에 품고 있다는 것을 무한히 신뢰했기에 자신에게 주어진 비루한 출신이라는 운명의 불행을 극복하고 아름다운 빛을 발하는 위대한 정신의 소유자로 역사에 이름을 남길 수 있었다.

어떤 상황에서도 우리는 삶에 대한 태도를 스스로 선택할 수 있고, 그것이 우리를 다시 빛나게 할 수 있다.

당신의 본질은 병들지 않았다

우리는 자기 자신과 세상에 대해 긍정적인 태도를 견지할 필요가 있다. 그리고 나의 행복을 남의 평가나 다른 이들과의 경쟁, 비교우위에 맡기지 말아야 한다. 스스로 자기 인생의 중심에 서야 한다.

에픽테토스와 유사한 사상을 가졌던 심리학자 칼 로저스를 다시 떠올려본다. 베트남전쟁에 지독히 반대했던 로저스는 베트남전쟁이 베트남인들 못지않게 미국인에게도 불행한 전쟁이었다고 이야기했다. 그는 베트남전쟁을 믿을 수 없을 정도로 어리석고 파괴적인 전쟁이었다고 일갈하며, 베트남전쟁과 같은 모든 비합리적인 폭력과 철저히 대립각을 세웠다.

칼 로저스는 인본주의 심리학의 중심 인물이며, 긍정심리학[20]의 대표격으로, 삶에 대한 긍정적 태도를 지속적으로 주창한 사람이기도 하다. 그의 철학은 심리학에만 한정되지 않았으니, 간호사, 목사, 교사, 사업가 등 모두를 위한 학문을 정립하고 설파했다.

로저스가 심리학계에 일으킨 가장 혁명적인 변화는 이것이다. 기존의 정신분석 심리학에서는 인간을 근본적으로 어린 시절의 성적인 욕구에 따라 좌우되는 불안한 존재로 보았다. 그리고 행동주의 심리학에서는 인간을 전적으로 환경에 의해 결정되는 수동적인 존재로 여겼다. 파블로프의 개처럼 종소리에 침을 흘리는 조건반사에 의해서만 움직이는 기계적 본성만 있는 것으로 간주한 것이다.

하지만 로저스는 인간이 누구나 성장과 성취, 완전한 발달을 지향하는, 실현 성향(actualizing tendency)[21]이라는 잠재력을 갖춘 존재라고 보았다. 당대 심리학계에서는 획기적인 발상이었다. 말하자면 기존의 심리학자들은 기본적으로 내담자를 환자로 내려다보고 지시와 명령에 의해 교정해야 할 대상으로 취급한 반면, 로저스는 사람의 본성이 병든 적이 없고 그 본성은 스스로를 치유할 수 있기 때문에 상담자는 내담자의 본성이 발현할 수 있도록 지원하는 역할을 해야 한다고 생각했다.

또한 로저스는 에픽테토스와 마찬가지로 개인의 주관적인 경험과 태도가 가장 중요하다고 보았다. 인간은 성장하면서 가족을 비롯한 사람들과 의사소통하면서 어떻게 하면 존중받는지를 학습하게 된다. 그렇게 존중받을 수 있는 가치조건[22]을 내면화시키고 그것을 일생 추구하게 된다. 하지만 인간의 본성에 내재한 실현 성향을 지향하는 자연스러운 유기체의 욕구와, 가족과 사회를 통해 습득된 가치조건이 불일치할 때 인간은 심리적 불안감을 느끼고 고통받게 된다.

이렇게 내면화된 가치조건을 자기개념[23]이라고 하는데, 인간은 유기체의 욕구를 자기개념으로 통합하지 못할 때 내면적 갈등을 느끼며 병들게 된다. 가치조건에 따라 유기체의 경험을 말살해야 하기 때문이다.

이러한 문제를 해결할 수 있는 방법은 무엇일까? 에픽테토스는 인간이 행복하게 살 수 있는 가장 쉬운 방법은 욕구 수준을 낮추는 것이라고 했다. 사람은 한 생에서 모든 욕구에 도달할 수 없거니와, 하나의 욕구를 달성하면 또다시 새로운 욕구에 시달리게 되기 때문이다.

심리적 불안감을 해결하고자 하는 로저스의 방책도 에픽테토스의 지혜와 유사하다. 유기체의 경험이 충분히 수용되거나 존중받지 못하고 묵살당했을 때 인간은 삶에 대해 수동적이고 방어적인 태도를 취하게 된다. 말하자면 찌그러진 깡통이나 시든 꽃처럼 되는 것이니, 기계적으로 발동한 가치조건이 삶의 활력을 빼앗아버리는 것이다. 자기 안으로 자신의 삶을 수용할 수 없는 인간의 하루하루는 무기력하기 짝이 없게 된다.

로저스는 이것을 해결하기 위해 가치조건을 줄여야 한다고 했다. 상담자는 내담자가 경험하는 가치조건을 완화시키고, 긍정적인 존중을 지속적으로 보여줄 때, 내담자는 자신의 유기체적 경험을 온전히 자기개념으로 수용할 수 있게 된다. 그러면 유기체의 실현 성향이 되살아나면서 치유가 되는 것이다.

이러한 상담 기법은 비단 상담자와 내담자의 관계에서뿐만 아니라, 자기 자신에게도 적용할 수 있다. 자신을 억누르는 내면화된 가치조건을 낮추고 유기체의 경험을 자기 안으로, 자기구조에 수용하면 내면의 힘이 되살아나 다시 기운이 나고 피가 돌기 시작하면서 자신의 기능을 십분 발휘하는 사람이 될 수 있다.

이제 이렇게 거듭난 사람은, 더 이상 자신에게 다가오는 경험을 억압하지 않는다. 자신이 삶에서 경험하는 것을 자기 안으로 온전히 수용한다. 삶을 있는 그대로 받아들일 수 있는 힘이 생기는 것이다.

이러한 로저스의 심리학 기법은 단순히 상담실에 한정되지 않았다. 그의 긍정심리학과 인간중심 치료는 상아탑과 연구실을 넘어 정치, 국제교류, 교육계 등 다양한 방면에서 활용되었고, 그는 평화의 전도사로도 널리 이름을 떨치며 노벨평화상 후보에 오르기도 했다.

로저스의 생애를 되짚어보면 그의 성장기는 자연과 밀접한 관계가 있다. 그는 대학교 2학년 때 전공을 역사학으로 바꾸기 전까지 위스콘신대학교에서 농학을 전공했다. 학창 시절부터 농업에 흥미를 느끼고 관련 책을 탐독했다고 하는데, 그 계기는 부모님이 마련해준 것이었다.

독실한 크리스천이었던 로저스의 부모님은 로저스가 12살이 되었을 때 가족을 전부 데리고 시카고에 있는 농장으로 이사를 갔다. 혼란스러운 도시 생활에서 벗어나 자연을 접하고 정직한 노동의 신성함을 자연스럽게 익히고 신앙심을 더 강화하기 위한 목적이었다.

나는 로저스의 인간중심의 철학과 긍정심리학의 근간이 되는 인간에 대한 믿음에는 이러한 자연과 더불어 자라고 사유한 성장과정과 밀접한 관련이 있다고 생각한다. 대지는 우리에게 언제나 변함없는 신뢰를 주고, 생생불식하며 생명을 탄생시키는 자연은 우리에게 늘 긍정적인 힘과 새로운 에너지를 주기 때문이다.

우리는 로저스와 마찬가지로 자연의 생명체들을 통해, 그리고 마른 꽃에도 새로운 가치를 부여하는 원예치료의 과정을 통해, 우리의 본질이 병든 존재가 아니라 빛을 추구하는 실현 성향을 가진 존재라는 믿음을 가질 수 있다. 한때 냉혹한 세파에 시들어도 삶에 대한 태도를 바로잡는 인식의 전환을 일으킴으로써 매일 새로운 날이 시작되듯 새로운 생명의 활력을 가질 수 있다는 확신을 지닐 수 있을 것이다.

넘어지지 않는 하이힐보다 넘어지는 운동화가 낫다

신자유주의[24]라는 미명하에 무한경쟁 체제에 살아가는 우리들은 자신이 가진 것의 소중함을 망각하기가 쉽다. 그때부터 자기비하가 시작되고, 고통 속에 빠지는 것이다.

특히 현대와 같이 1인 미디어가 발달한 시대에는 더욱 이러한 함정에 빠지기 쉽다. 늘 타인과 비교하고 불안해하면서 인스타그램이나 페이스북 같은 SNS에서는 명품을 들고 여행을 다니고 값비싼 음식을 먹는 장면만 찍어 올리면서, 남을 불안에 빠뜨리고 좌절시키며 비교우위의 즐거움을 누리는 사람이 많다. 일상이 병들어 있는 것이다.

자신의 모습을 그 자체로 존중할 줄 아는 사람은, 자신이 가진 것에 만족할 줄 알고, 자신이 가진 것을 소중하게 여긴다. 남이 가진 것을 질투해 남을 해코지하는 데 열중하거나 스스로를 지옥 속에 빠뜨리지 않는다. 물처럼 변함없이 담담하게 일상을 누릴 수 있는 것이다.

상담을 하거나 모임에 나가보면, 부모님이나 남편을 비난하는 여성들을 종종 만나게 된다. 미디어에 나오는 누군가처럼 금수저가 아니고, 남편이 남들처럼 많은 돈을 벌어오지 못한다는 이유에서다. 집안 살림도 어려운 일이겠지만, 남편 역시 가정을 위해 힘들게 경제활동을 하는 것인데도 말이다.

내가 오랫동안 사회생활을 해서 그런지 몰라도, 밖에 나가 한 푼이라도 벌어온다는 것이 얼마나 어려운 일인지 잘 알고 있다. 남녀를 불문하고 그런 경제활동을 하는 상대를 비난하는 것은 배우자의 자긍심을 무너뜨리고 자신의 자존감도 엉뚱한 곳에서 찾는 것이다.

서로 상대방이 가진 것을 부러워하는 경우도 있다. 전업주부 중에는 사회생활을 하는 여성을 부러워하는 이들도 있다. 자기 이름으로 사업을 한다거나 밖에서 활동적으로 자신의 경력을 쌓아나가면서 자아 실현을 하는 여성을 멋지게 볼 수 있는 것이다. 하지만 한편으로 사회생활을 하는 여성은 전업주부를 부러워할 수 있다. 직장생활을 하거나 사업 때문에 아이를 가지지 못하는 경우도 있고, 육아를 다른 사람에게 맡겨야 할 수도 있다. 그것이 늘 마음에 걸리는 여성은 배우자가 경제활동을 하고, 사랑스러운 아이를 키우는 일에 전념하는 전업주부가 부러울 수도 있는 것이다.

우리는 늘 이렇게 자기 자신에게 주어진 운명에 자족하고, 자신을 있는 그대로 존중하기보다는 남의 것을 탐내며 괴로움에 빠지기 쉽다. 물론 나 역시 큰 범주에서 예외는 아니니 그러한 어리석음에 오랫동안 빠져 있었다.

20년 가까이 사회생활을 하다 운명의 한 굴곡을 만나 어느 순간 전면적으로 일을 손에서 놓게 되었다. 사회생활을 하던 동안에는 대체로 하이힐을 신고 다녔다. 어려서부터 부모님께 자세를 똑바로 하는 습관을 훈련받은 덕도 있지만, 남에게 흐트러지는 모습을 보여주기 싫어서, 불편한 하이힐을 신고 생활하면서 한 번도 넘어지지 않았다. 심지어 종종 약속시간에 늦지 않기 위해 하이힐을 신고 뛰어다니면서도 꼿꼿한 자세를 유지하며 넘어지지 않았다.

그러니 얼마나 경직되고 예민하게 살았겠는가? 겉으로 보기에는 화려한 커리어우먼이었지만, 실상은 스스로 만든 감옥에 갇혀 살고 있었던 것이다. 얼마나 오랫동안 그렇게 생활했는지 일도 하지 않고, 어디에서도 나를 바라보는 시선이 없이 홀로 있을 때도 몸이 경직되고 아파온다. 몸이 기억하고 당시의 괴로움을 답습하는 것이다.

그런데 이와 관련해 재미있는 사건이 하나 있었다. 일을 그만두고 나서 나는 그전에 간간이 하던 봉사활동을 본격적으로 하게 되었다. 봉사활동을 하면서 당연히 운동화를 주로 신었다. 그러면서 여기저기 뛰어다니게 되는데, 한 번은 봉사기관 건물의 복도를 뛰어가다가 아무도 없는 곳에서 혼자 넘어졌다. 20년을 하이힐을 신고 다닐 때도 넘어지지 않았는데 운동화를 신고 넘어진 것이다. 나는 그런 자신이 어이가 없어서 한참을 바닥에 앉아 웃었던 기억이 있다.

넘어지는 것은 자연스러운 일이다. 넘어지는 것이 문제가 아니다. 넘어지지 않으려고 온몸이 경직되도록 날카롭고 예민하게 아등바등 버티는 것이 문제다. 나는 넘어지는 사람이었던 것이다. 넘어지고 자빠지고 하면서 살아야 하는데, 그러지 않으려고 버텨온 세월이 나도 모르게 내 육신과 정신을 좀먹고 있었다. 나 자신을 온전히 수용하지 못한 것이다. 하이힐을 신고 넘어지지 않으려고 이를 악물고 사는 삶보다, 운동화를 신고도 넘어지는 삶이 훨씬 더 자연스럽고 유쾌하고 자기다운 일이다.

이처럼 가던 길을 멈추는 것은 생에 본질적인 깨달음을 준다는 점에서, 자의에 의해서든 타의에 의해서든 의미가 있는 일이다. 우리는 살아가며 무엇인가가 되기 위해 진력을 다한다. 무엇인가를 반드시 해내기 위해 주위를 돌아볼 틈이 없다. 하지만 세상은 자기 뜻대로 되지 않는다. 모든 일이 자신이 마음먹은 대로 되는 인생은 없다. 마음대로 되지 않는 인생을 괴로워하다 비로소 완전히 힘이 빠졌을 때 새로운 방향으로 전환한다. 온 힘을 다해 붙들고 있던 것들을 내려놓고, 자기 자신의 본질로, 존재 자체로 돌아오는 시간을 맞이하는 것이다.

그렇게 붙들고 있는 것을 내려놓고 나 자신을 인정하면 자유로워진다. 이 단순한 진리를 몰라서 사람들은 팔뚝에 힘줄이 솟도록 버티면서 괴로워하고 세상을 향해 분노하고 사람들에게 신경질을 부린다. 나의 모습에 대해 누가 뭐라고 비난해도 상관없다. 나 자신의 모습을 있는 그대로 받아들이면서, 내가 나 자신에게 솔직하고, 그런 자신을 존중해야 한다. 부족하면 부족한 대로, 상처받으면 상처받는 대로, 넘어지면 넘어지는 대로 자기 자신을 있는 그대로 인정하면 편안해진다. 넘어지지 않는 하이힐보다 넘어지는 운동화가 훨씬 멋지고 자유롭고 행복하다.

긍정의 힘을 키우는 원예치료

병들지 않은 우리의 본질을 찾는 데 원예활동이 큰 도움이 될 수 있다. 그렇다면 원예활동에 근거한 원예치료는 어떠한 기능이 있을까?

자연과 밀접하게 지내면서 교감하는 원예가 치료적 효과가 있다는 것은 장구한 인류의 역사를 통해 증명되었다. 원예는 지금으로부터 약 4천여 년 전에 티그리스와 유프라테스강 유역에서 시작된 메소포타미아 문명에서 처음 시작된 것으로 알려져 있다. 강 유역은 비옥했지만 내륙에는 마른 공간이 많았기에 여기에 처음으로 당대의 사람들이 정원을 조성하고 즐기기 시작한 것이다. 또 메소포타미아 문명과 함께 4대 문명의 발상지 중 하나인 고대 이집트에서는 정신적인 문제를 일으키는 환자들에게 정원을 걸어 다니는 방법으로 치료 효과를 거두었다고 한다.

고대를 지나 중세에는 기독교 병원, 수도원 등에 정원을 조성하고, 아픈 사람들이 이 정원을 활용해 치료 효과를 높이게 했다는 기록이 있다. 르네상스가 막 시작되던 15세기에는 스페인의 한 정신병원에서 유의미한 보고서가 발표되기도 했다. 정신질환자에게 정원을 가꾸는 활동을 시키고 사계절로 정원을 활용한 야외활동을 시켜 환자들을 진정시킬 수 있었다는 내용이다.

비록 역사적인 기록에는 남아 있지 않더라도, 동양에도 원예활동을 통해 긍정의 힘을 얻고 지친 심신을 치유받은 사람이 무수히 많을 것이다. 역사를 떠나서 원예치료의 기원에 대해서 굳이 정답을 찾자면 그것은 어쩌면 인류가 시작된 태초부터가 아닐까.

2부

세상과 관계 맺기

두 번째 파트, '세상과 관계 맺기'는 5장부터 8장까지 전체 네 장으로 구성되어 있다. 5장은 변화와 적응, 6장은 더 나은 의사소통, 7장은 존중과 배려, 8장은 포기하지 않는 삶에 관한 내용이다.

간단하게 말하자면 2부는 1부를 통해 회복한 자신이 조금씩 세상으로 나아가는 내용이다. 5~7장을 통해, 변화와 적응을 하고 세상과 관계를 맺을 때 어떤 덕목이 필요한가, 어떤 기술이 필요한가에 대한 내용을 담고 있다. 마지막 8장은 아무리 내가 신중하고 잘 대비한다고 하더라도 세상을 살아가다 보면 겪게 되는 상처나 불의의 사고에도 오뚜기처럼 일어나 다시 앞으로 나아갈 수 있도록 도움을 주는 내용으로, 세상과 관계 맺기에 대한 이야기를 마무리하고 있다.

5장 변화와 적응에 대하여

자신을 찾았다면 이제 세상에 뛰어들 준비를 해야 한다. 인생은 늘 도전의 연속이고, 우리는 언제나 세상 앞에서 아마추어일 뿐이다.

세상은 혼자 살 수 없다. 어떻게든 관계를 맺고 살아야 한다. 그 과정에서 힘든 일을 많이 겪게 된다. 심지어는 내가 상처를 입고 쓰러져 있을 때조차, 다시 한 번 그것을 짓밟는 사람들도 있다. 동물은 배가 고프지 않으면 일부러 상처 난 짐승을 괴롭히지 않는다. 하지만 인간은 동물이 가진 약육강식의 성향은 물론이거니와, 누군가 쓰러져 있으면 죽었는지 살았는지 찔러보고 확인 사살까지 하는 잔혹함을 드러내기도 한다.

물론 세상 한편에는 선한 의지를 갖고 살아가는 다수의 사람들도 있고, 나와 잘 맞지는 않아도 장점이 더 많은 사람들도 있다. 공자(孔子)는《논어》위령공편에서 "군자는 말만으로 사람을 천거하지 않고, 그 말까지 버리지 않는다"고 했다. 전자는 말주변만 좋은 사람을 경계해야 한다는 말이고, 후자는 행실이 좋지 못한 사람이라도 취할 것이 있다는 말이다.

사람들의 특성에 따라 관계를 잘 맺는 방법을 안다면, 쉽지 않은 대인관계 속에서도 흙탕물에서 피어나는 연꽃처럼 아름다운 삶의 묘미를 찾을 수 있다. 그래도 사랑하고 품에 안고 가야 하는 것이 세상이므로 어울려 살아가려는 노력을 지속해야 한다.

초심을 찾을 수 있다면

인생의 괴로움을 겪고 극심한 고통에 감각이 마비되어 있을 때는 누가 나를 괴롭혀도 괴롭히는지조차 모르고 넘어가는 경우가 많았다. 뇌를 심하게 다친 사람은 등에 욕창이 생겨도 고통을 느끼지 못하는 것처럼 통각(痛覺)[25]이라는 감각조차 죽어버린 것이다. 하지만 다시 감각이 살아나기 시작하면서 온갖 인간적인 감정이 되살아나기 시작했다. 죽은 것 같은 나를 찔러보는 사람 때문에 분노의 감정이 일어났지만, 한편으로는 살아 있음을 증명받는 것이니 어쩌면 그것마저 감사하다고 해야 할까? 얼굴이 붉으락푸르락해지고, 실소(失笑)가 터질 때도 있다. 그러면 '아, 내가 감정적으로 많이 건강해졌구나'라고 오히려 다행이라는 마음이 생기기도 했다.

어쨌든 충격에서 벗어나 계속 살아내기 위해서는 세상 속으로 다시 들어가야 하고, 여전히 그 세상은 아픈 사람을 진심으로 위로하는 사람들만 있는 천국이 아닐 것이다.

나는 20대 때부터 자원봉사를 많이 다녔다. 자원봉사를 다니다 보면, 간혹 자원봉사에 진심이 아닌 사람들을 보게 된다. 자원봉사 하는 자신을 촬영하고 기록을 남기기 위해 참여하고, 형식적으로 흉내만 내다가 돌아가는 사람들도 꽤 있다. 의사, 간호사 등 의료인들도 마찬가지다. 진심으로 인술을 펼치는 사람도 있겠지만, 직업이기 때문에 어쩔 수 없이 하는 의료인들도 많다.

처음 자원봉사를 나갔을 때 장애인을 목욕시키는 일을 맡았다. 20대 초반의 어린 나이에 발가벗고 있는 장애인을 씻기고 닦는 일을 해야 하는 것이 너무 당혹스러웠다. 동시에 죄책감도 생겼다. 그런 감정이 드는 자신을 자책하는 마음이 일어났던 것이다. 부모님에게 남을 도울 때는 진심을 다하라고 배웠는데 두려운 마음부터 먼저 들었던 것이 사실이다.

하지만 하나님에게 순종하는 습관이 들었기 때문인지, 그 상황으로부터 다행히 도망치지는 않았다. 그리고 그분의 등을 닦으면서 점차 그분이 나와 똑같은 한 사람의 인격체로 느껴졌다. 그러자 처음의 당혹스럽고 힘들었던 느낌은 어느새 사라지고 봉사를 나왔을 때의 초심(初心)으로 돌아갈 수 있었다.

지금 비록 자신만의 욕망에 빠져 있거나 일에 지쳐서 진심을 다해 누군가를 돌보지 못하는 봉사자나 의료인이 있다고 해도, 언젠가는 그 초심을 발견할 수 있을 것이라고 생각한다. 의료인을 원예치료 대상자로 삼고 프로그램을 진행했을 때도, 그들이 처음에 일을 시작했을 때 가졌던 순수한 영적인 마음, 초심을 발견할 수 있게 하도록 노력했다. 그리고 내가 그들을 바라보는 시선도, 그들이 지금 어떤 모습이든 간에, 그들의 초심을 보아주려고 노력했다.

선과 악의 대결 구도는 아니다

수년 전에 공동으로 하던 작업이 있었다. 그 과정에서 옆집 사람이 자기 집 진입로에 페인트가 튀었다며 이미 일을 마치고 떠난 인부(人夫)를 불러다 사과를 시키라고 항의를 한 일이 있었다. 작업을 하는 동안 옆집 사람이 내게 잘못한 것이 훨씬 많았기 때문에, 인부에게 사과를 받고 싶으면 내게 먼저 사과하라고 으름장을 놓았다. 인부가 사과를 하러 오게 되면 하루 일당을 날려야 하는 처지였기 때문에 보호해주려고 했던 것인데, 옆집 사람은 자기 문제에 대해 갖은 변명을 하기 바빴다.

꼭 그렇게까지 해야겠는지 물었더니, 자기도 어려운 시절이 있었다면서 저런 정신머리로는 절대 성공할 수 없으므로 따끔하게 혼을 내야 한다고 했다. 인부는 그렇게 말하는 사람보다 나이가 훨씬 많아 보였으니 이미 70이 가까운 나이였을 텐데, 설사 그런 정신적인 문제가 있다고 한들 평생 그렇게 살아온 분한테 이제 와서 말해 달라질 게 무엇이 있겠는가? 그렇게 해서

달라질 일이었으면 진작 바뀌었을 것이다. 그저 자기 분풀이에 불과한 일이라는 것을 스스로도 알면서도 옆집 사람은 그렇게 둘러대기 바빴다.

여기서 또 재미있는 일은, 내가 이렇게 연로한 인부를 위해 나섰는데, 그분은 전후 상황을 알면서도 고맙다는 말 한마디 없이 조금이라도 더 보수를 받아내기 위해 내게 역정을 냈다는 것이다. 이것이 우리네가 살아가는 모습이다. 나 역시 살아가면서 그런 모습이 있었을지도 모른다.

드라마화도 되었던, 비정규직 노동자의 아픔을 그린 최규석 작가의 만화《송곳》에서도 그런 대사가 나온다. 자본가와 비정규직 노동자의 싸움, 이것은 선과 악의 대결은 아닌 것이다. 계층 간의 갈등 문제뿐만 아니라 우리가 살아가는 이웃들의 제반 삶의 모습이 그렇다. 다른 계층이든 다른 정파든, 최근 여러 가지 이슈를 일으키며 갈등을 보이는, 남녀노소, 세대 간, 성별 간의 대립구도도 다 마찬가지다. 현실을 한쪽의 입장이 아니라 객관적인 시각으로 보면, 늘 선과 악의 대결구도는 아니다.

남의 율법에 흔들리지 말라

세상 사람들은 자기 자신만의 기준으로 남을 재단하는 경향이 있다. 물론, 나도 그런 점이 없으리라고 확언할 수는 없다. 그래서 늘 자신을 점검하는 시간을 가져야 한다.

우리는 세상이 만들어놓은 율법(律法), 종교가 만들어놓은 율법, 혹은 자신이 자의적으로 만든 율법으로 남을 평가하고 비판한다. 자신에게 유리한 조항과 조목을 들면서 자신은 잘 지키고 있는데, 너는 왜 안 지키느냐고 비판한다. '털어서 먼지 안 나는 사람 없다'는 말처럼 사람은 누구나 부족한 점이 있기 마련인데, 피할 수 없는 완벽한 윤리나 잣대로 난도질하는 것을 견뎌낼 재간이 있는 사람은 없다. 그런 율법으로는 공자도 소크라테스도 비판받을 수밖에 없다.

주관적이고 이기적인 사람들이 지극히 자신들에게 유리하게 선택하고 해석해놓은 율법으로 인해 세상을 살아가는 사람들은 많은 상처를 받게 된다. 하지만 타인의 율법에 의해 상처받을 필요는 없다. 율법이라고 하는 것은 자기 자신이 항해하는 데 나침반 역할을 할 뿐이다. 항로를 벗어났을 때 어디로 가야 하는지 지표로 삼는 등대와 같은 것이 율법이다. 자신을 단죄하는 수단이 아니라 정글을 탐험하는 가이드 역할을 하는 것이 율법인 것이다. 나에게 도움이 되고 이익이 되는 수단인 것이지 나를 고통받게 하기 위해 만들어진 것이 아니다. 그러니 그들의 장단에 맞출 필요가 없다. 남의 율법에 흔들리지 말고 꿋꿋이 자신의 길을 가야 한다.

건강한 관계의 지름길

우리가 사회에서 사람들과 건강한 관계를 만드는 첩경은 무엇일까? 사람과 사람 사이에는 라포(rapport, 심리적 유대감)를 형성하는 것이 무엇보다 중요하다. 그것은 상담사와 내담자와의 관계에서도 마찬가지다.

20세기의 유명한 심리 상담가이자 위대한 정신의학자 밀턴 에릭슨[26]은 환자에 대한 배경 지식을 밝히는 것보다 이렇게 서로 간의 유대감을 형성하는 것을 더 중요하게 생각했다.

밀턴 에릭슨은 10대 후반에 소아마비를 앓으면서 집에서만 생활하게 되었다. 그때 누이들의 행태를 관찰하면서 시간을 보냈다고 한다. 누이들이 말하는 것과 실제 의미하는 바가 많이 다르다는 것을 알게 되었고, 사람들 간의 커뮤니케이션에는 말 이외에 다양한 것들이 중요하다는 것을 알게 되었다. 밀턴 에릭슨은 사람을 깊고 진중하게 관찰하는 훈련을 함으로써 서로 간에 신뢰감을 형성하는 것이 무엇보다 중요하다는 것을 깨달았다.

그는 최면과 같은 정신요법으로, 정신분석을 길게 하지 않아도 사람을 치유할 수 있었다. 한 가지 예를 들면, 밀턴 에릭슨은 당대에 가장 많은 사람들이 찾는 심리 상담사로 유명했는데, 어느 날 한 여자가 밀턴 에릭슨의 상담소로 찾아와서 고맙다는 인사를 했다. 이유인즉슨 자신의 아버지가 이곳을 다녀온 이후 알코올중독에서 벗어나 정상적인 생활을 할 수 있게 되었다는 것이다. 그리고 그녀는 어떻게 그렇게 할 수 있는지 물었다.

밀턴 에릭슨은 집으로 돌아가는 길에 식물원을 들러서 선인장을 바라보라고 주문했다. 선인장을 바라보면서 물을 뿌려주지 않아도, 수년을 버티는 선인장에 대해 생각하라고 이야기했다. 신문사를 다니며 많은 술을 마시다 알코올중독에까지 빠진 그 남자는 단순히 선인장을 바라보는 치료법만으로 술을 끊을 수 있었다고 한다.

이것은 그 남자의 마음 깊숙한 곳에 깊이 있게 들어가보지 않으면 생각할 수 없는 요법이다. 밀턴 에릭슨은 최면요법으로도 유명했는데, 깊은 유대감을 바탕으로 우회적이고 은유적인 답변을 찾아주는 이러한 방법은 강력한 효과를 발휘했다.

사람들 간의 관계도 그렇다. 뭔가 지시적인 방법보다는 신뢰감, 유대감을 바탕으로 한 은유적인 방법이 훨씬 더 효과적이다. 공부해라, 술 마시지 마라, 살 빼라, 정신 좀 차려라. 이런 말들은 분노와 적대감만 일으킬 뿐이다.

밀턴 에릭슨은 긍정심리학의 대가인 칼 로저스처럼 인간에 대한 깊은 신뢰감을 갖고 있었다. 치료의 주체를 자신이 아니라 환자 자신에게로 돌려서, 환자의 내면에서 일어난 힘이 스스로 해결할 수 있도록 유도했다고 한다. 그리고 그것이 지시적·명령적인 방법보다 실제 치료효과가 훨씬 더 컸던 것이다.

밀턴 에릭슨은 대학교를 다니던 때 학비가 없어서 고생한 적이 있었다고 한다. 책 외판원을 하면서 학비를 마련했는데, 한 번은 독서와는 전혀 무관한 농부를 만난 적이 있었다. 그때, 그는 책에 대한 이야기는 한마디도 하지 않고, 어린 시절 농장에서의 경험을 되살려 말없이 돼지의 등을 긁어주었다고 한다. 농부는 '요즘 같은 시대에 돼지의 등을 긁어주는 것을 좋아하는 젊은이를 만나다니'라는 생각으로 기쁜 마음에 밀턴 에릭슨을 자신의 집에 초대했고, 식사를 대접하며 책도 구매했다고 한다.

원하는 목적을 달성하기 위해서는 직접적으로 다가가서 자신이 원하는 것을 지시하기보다는 오랜 기간 관찰해 그의 속뜻을 알아내고, 유대감을 형성하라. 그리고 원하는 것이 있다면 우회적인 방법으로 그 사람의 마음을 움직여야 한다. 이것이 직접적이지 않으면서도 가장 빠른, 건강한 관계의 지름길이다.

인간은 적응하는 동물이다

관엽식물은 환경 변화에 가장 잘 적응할 수 있는 식물이라고 한다. 그렇다면 인간은 어떨까? 나는 그런 생각을 해본다. 생명체 중에 사람만큼 적응력이 뛰어난 것은 없다. 그런데 사람들은 이 사실을 애써 부정하거나 망각하기 때문에 새로운 환경이 불편하다.

새로운 곳이 낯설거나 잘 모르는 것이 있으면 물어보면 된다. 그런데 망신당할까 봐, 무시당할까 봐, 자존심 상하는 일이 생길까 봐 물어보지 못한다. 외국에 나갔다고 한다면, 굳이 외국인처럼 행동하지 않아도 된다. 누가 봐도 동양인인데 어떻게 현지인처럼 능숙할 수 있겠는가? 우리가 외국인을 만났을 때 그들이 뭔가를 잘 모르겠지라고 당연하게 생각하는 것처럼, 조금 실수하고 어리숙해도 괜찮다.

새로운 환경에서 냉소적이거나 무뚝뚝한 사람을 만나 상처받은 경험이 있으면 더 위축된다. 혹은 사회생활을 하면서 따돌

림을 받은 경험이 있거나 사람에게 크게 데인 적이 있다면 그 트라우마 때문에 대인관계 자체가 소극적으로 변하기도 한다.

우리가 연애를 할 때도 마찬가지다. 첫사랑에 상처를 받았다고 해서 죽을 때까지 사랑하지 않고 살 수는 없다. 새로운 이성을 만난다면 모든 것이 달라질 수 있다. 그런데 과거의 기억에 연연해 평생 홀로 살아간다면 그것은 '구더기 무서워 장 못 담근다'는 속담처럼 어리석은 일이 되고 말 것이다.

"사랑하라, 한 번도 상처받지 않은 것처럼"[27]이라는 시구가 있다. 지난 경험을 가지고 앞으로의 일을 함부로 재단하지 말라. 새로운 사람을 만나고 새로운 상황을 만나면 새로운 일이 벌어진다. 그리고 인간만큼 환경에 잘 적응하는 동물은 없다. 낯선 환경 때문에 적응이 어렵다거나 소심해져서 아무것도 새로 시작할 수 없다면, 한 번도 상처받지 않은 것처럼 시작하라. 적응을 못 하는 것이 아니라 안 하고 있는 것일 뿐이다.

삶에 희망을 주고, 사람을 변화시키는 일

원예치료 프로그램을 진행하다 보면, 대상자들이 처음 모습과 상당히 많이 달라져서 과정을 진행하는 나 자신도 깜짝깜짝 놀랄 때가 많다.

우울증이 심해 자살기도를 하고, 세상 밖으로 나올 생각을 전혀 못 했던 분이 있다. 그분이 원예치료 프로그램을 참가한 경위도 본인 의지가 아니라 친구의 설득 때문이었다. 귀가 잘 들리지 않아서인지 위축되어 있었고, 의사 표현도 잘 하지 않았다. 얼굴색도 전반적으로 어두웠고, 의욕도 없이 무기력한 채로 앉아만 있었다. 그런데 과정이 진행되면서 자발적으로 프로그램에 참여하기 시작했고, 얼굴이 점차 환해졌다.

마지막 날, 프로그램의 전 과정에 함께 참여했던 친구는 그의 변화를 보고 펑펑 눈물을 흘렸다. 매일 그를 옆에서 지켜보며 수년 동안 끊임없이 세상 속으로 끌어내려고 갖은 노력을 해도 안 되던 친구가 스스로 얘기하고 참여하고 밝아지는 모습을 보며 감격한 것이다. 프로그램이 끝날 즈음 달라진 친구의 마지막 한마디는 "삶의 희망을 발견했다", 바로 그것이었다.

이런 심각한 경우 이외에도, 간호사, 노인, 새터민 등등 다양한 집단과 치료 프로그램을 진행해봤는데, 프로그램 1주차 때는 자신들이 신청해 프로그램에 참여한 사람들인데도, 삐딱한 태도를 보이는 대상자들이 많다. '이런 건 다 아는 거야', '나도 할 줄 알아', '별거 있겠어'라는 식이다. 마음의 문을 열지 않고, 한번 해보라는 투로 툴툴거리고 부정적인 접근을 보이는 사람들이 많은 것이다.

하지만 처음에는 몇 가지 가벼운 동의서를 받는 과정에서도 인상을 찌푸리던 사람들이 프로그램을 진행하는 과정에서 점차 표정이 달라지기 시작한다. 말수가 늘어나고, 얼굴이 밝아지고, 심지어 글솜씨까지도 좋아진다. "제가 마치 시인이 된 것 같아요"라고 이야기하는 사람도 있다. 재료를 나눠주면 네 것, 내 것 따지고 거리를 두던 사람들이 자연스럽게 다른 대상자에게 물건을 빌려주고 서로 도와주기도 한다. 자기 것이 남았다고 남에게 주는 배려가 생기고, 꼭 내 것이 아니어도 된다는 여유가 생기며, "다음 주에는 뭐 할까요?"라며 기대를 보이기 시작한다.

마음을 연다는 것은 그런 것이다. 얼굴에 미소가 많아지고 말수가 늘어나고 유머를 구사하게 되는 것이다. 자연이든 사람이든 마찬가지다. 그렇기 때문에 나는 한순간 한순간을 가벼이 여길 수가 없다. 개학을 며칠 앞둔 초등학생이 밀린 방학 숙제

일기 쓰듯이 진행할 수 없다는 말이다. 치료사, 상담사가 누구냐에 따라서 결과는 확연하게 달라진다는 것을 경험으로 나는 잘 알고 있다.

원예치료를 받는 동안 대상자는 친절하게 케어, 돌봄을 받는 감정을 느껴야 한다. 스태프들과 진행할 때 이렇게 하면 돈이 얼마나 남겠느냐를 주제로 이야기하면서 수익에 연연해서는 안 된다. 이렇게 해봤자 사람들이 알아주지 않는다고 반발할 수도 있는데 명예를 위해 남들이 알아주기를 바라고 치료를 하는 것이 아니다. 내가 치료자, 의사라는 생각으로 권위의식을 가져서도 안 된다. 오히려 친절한 항공사 승무원들처럼 서비스 마인드를 가져야 한다.

하나님도 한 마리의 길 잃은 어린 양을 위해 역사를 시작한다고 하지 않는가? 그런 마음 가짐으로 한 사람, 하나의 과정에 충실해야 한다. 재료를 아끼지 않고, 시간을 촉박하게 진행해서도 안 된다. 눈을 마주치고 대화를 많이 나눠야 한다. 눈으로 보고 소리도 듣고, 냄새도 맡게 한다. 이야기를 끄집어내고 자신의 감정을 표현하게 한다. 고향 냄새가 난다고 한다면 고향에 있을 때 있었던 일을 함께 이야기하며 원예치료와 감정의 연결고리를 지속적으로 찾는다. 대상자의 마음 깊숙한 곳에 울림을 주어야 한다. 그래야 변화를 일으킬 수 있기 때문이다.

6장 더 나은 의사소통을 위하여

세상 속에 뛰어들고 좋은 관계를 맺은 이후에도 여러 가지 관계의 위기가 찾아올 수 있다. 그것은 현명한 의사소통으로 해결할 수 있다. 관계를 잘 맺고 의사소통을 잘할 수 있는 방법은 앞 장에서 이미 살펴보았다. 여기서는 근본적인 문제에 관해 조금 더 깊이 들여다보기로 하자.

좋은 의사소통에는 두 개의 쌍두마차가 필요하다. 하나는 공감이고, 하나는 거리다. 이 두 가지를 잘 컨트롤할 수 있다면, 커뮤니케이션으로 인한 어려움을 대폭 줄일 수 있을 것이다. 이번 장에서는 그 기술에 대해 생각해보는 시간을 가질 것이다.

독립적인 개체끼리 만나야 한다

만남도 적당한 거리를 유지하는 것이 필요하고, 각기 독립적인 개체끼리 만나야 한다. 말하자면 우리가 직장에서 상하 관계로 만났다거나 환자와 의사와 목사와 신도와 같은 특수한 관계로 만났다고 하더라도 각기의 자립성과 거리를 유지할 때 건강한 관계가 될 수 있다.

내가 누군가에게 정답을 주려고 하면, 상대방은 나에게 의존적으로 변한다. 그렇게 되면 관계에 조금씩 곰팡이가 슬기 시작하고, 관계의 나무가 병들기 시작한다. 상대방은 내가 없으면 중요한 문제에 대한 아무 결정도 내릴 수가 없고, 나를 통해 세상을 본다. 그렇게 하다 보면, 독립성을 상실한 상대방은 나중에 내가 소홀해지거나 내가 제시한 정답이 틀렸을 때 나를 원망하기 시작한다.

자신이 상대방에 비해 우월하다고 착각해서는 안 된다. 정답을 주려고 해서도 안 된다. 상대방이 스스로 답을 찾을 수 있도록 자극을 주고, 계기를 마련할 수 있도록 해야 한다. 대상자가 독립적인 힘을 가질 수 있도록 돕는 것이다.

종교 지도자나 의사나 상담사, 치료사들은 사람들에게 추앙을 받다 보면 그 힘에 도취된다. 사람들에게 추앙받고 칭송받는 것이 즐거워지기 시작하면 그때부터 내 마음이 어느새 그 힘에 도취된다. 자연스럽게 권력을 갖게 되고, 특별한 대접을 받는 것이 익숙해진다.

많은 권력을 가진 사람들이 여기에 해당된다. 입으로는 국민의 심부름꾼이라고 하지만, 국회의원이 되어 남들이 다 길게 줄을 서서 공항을 통과할 때 자기만 프리패스(free pass)로 통과하는 습관이 들여지면 거기에 물들기 시작한다. 남들은 대형 병원을 이용할 때 예약을 해서 몇 달씩 기다리는데 나는 전화 한 통만 하면 당장 진료를 받을 수 있고, 입원도 가장 좋은 특실로 언제든 이용할 수 있다고 한다면, 그 권력을 놓기가 싫어진다. 처음에는 어색하고 미안한 마음이 들지만, 나중에는 그것이 당연한 것처럼 여겨진다.

그렇게 스스로 특별한 사람에 도취되고 나면, 일반인들은 우습게 보인다. 권력을 놓치지 않기 위해 수단과 방법을 가리지 않는다. 갑질을 하면서 갑질인지 인식조차 못 한다. 대중과 점차 괴리가 생겨서 병든 마음을 갖고 살아간다.

상대방도 마찬가지다. 권력자의 부당한 갑질을 비판적인 태도로 볼 수 있어야 하는데, 자존감이 낮아져서 갑질하는 사람들을 높게 보고, 저항할 생각조차 못 하고 당연하게 인식한다.

역시 병든 정신을 갖게 되는 것이다.

사회적인 문제로 크게 확장시켜보면 이렇지만, 일반적인 대인관계에서도 알게 모르게 갑을(甲乙) 관계가 형성되어 있다. 누군가는 특별한 대접을 받는 것이 당연하고, 누군가는 상대적으로 하천(下賤)한 대접을 받는 것이 자연스럽다. 누군가의 말은 다 맞고, 누군가의 의견은 묵살된다.

우리가 건강한 관계를 맺기 위해서는 자기 과잉도, 자기 비하도 곤란하다. 상대방에 대해서도 마찬가지다. 지금 상황에서 맡은 역할이 각기 다를 뿐, 각자를 인격적으로 존중하며, 독립적인 개체로 만날 때 우리는 건강한 의사소통을 할 수 있는 사람이 될 수 있다.

선입견과 주홍글씨를 버린다

사람들은 자기만의 선입견으로 남들에게 쉽게 주홍글씨를 새기는 경우가 많다. 그렇게 상대방의 모습을 왜곡해서는 좋은 의사소통을 하기 힘들다.

대학원에서 상담사로의 원예치료 프로그램 실습 중일 때 함께 학위과정을 밟고 있던 동료는 그날 프로그램이 끝나고 평가하는 자리에서 이렇게 말했다. 대상자인 어린아이 하나가 정서적으로 너무 집중을 못 하고 산만하다는 것이다. 그러면서 부모가 이혼해서 그런 것 같다는 말을 덧붙였다.

물론 동료의 말이 어느 정도는 타당성이 있을 수도 있다. 하지만 몇 년 전 진료도 하지 않고 한 연예인에 대해 정신과적인 진단을 한 정신과 의사가 협회에서 제명되었듯이, 적어도 치료를 전문으로 하겠다는 전문가가 그런 말을 함부로 해서는 안 된다.

그렇게 선입견을 갖고 사람을 자기가 설정한 틀에 집어넣고 쉽게 규정해버리거나, 주홍글씨를 새기는 것은 매우 위험한 일이다. 그 아이의 본래 타고난 성향이 그렇지 않다고 해도, 혹은 좋은 방향으로 바뀔 가능성이 높은데도 불구하고, 그렇게 지속적으로 사회에서 취급을 받으면 점점 더 문제적인 성격으로 굳어질 수밖에 없다. 6살, 7살 아이들이 집중력이 좋으면 얼마나 좋겠는가? 어떻게 보면 화를 내고 짜증을 내는 것이 당연할 나이인데, 그렇게 쉽게 단정 지으면 안 된다.

상담사가 이혼이나 재산 정도와 같은 가정환경, 혈액형, 나이, 거주지 등 대상자의 정보를 받는 것은 그들에게 도움을 주기 위한 참고자료인 것이지, 주홍글씨를 새겨서 관리하기 편하라고 수집하는 것이 아니다.

일반적인 사람들과의 관계에서도 마찬가지다. 누군가에 대한 정보를 알고 있다면 그것으로 서로에게 도움을 주기 위한 자료로 참고하는 것이지, 선입견으로 그 사람을 규정하는 도구로 삼으면 곤란하다. 내가 편리하게 주홍글씨를 새기는 순간, 그 사람은 그 공동체에서 점차 소외당하며 자기 역할을 잃을 수 있고, 그러한 분위기가 확산되면 나 역시 언제든 그러한 대상이 될 수도 있다는 것을 알아야 한다. 우리 사회가 건강하게 의사소통하는 공동체가 되기 위해서는 불필요한 선입견과 주홍글씨를 철저히 경계하는 성숙한 문화를 만들어나가야 한다.

서로의 마음에 공감할 수 있다면

치열한 경쟁 속에서 살아야 하는, 자유시장경제 체제의 많은 사람들은 자족(自足)하기보다는 다른 사람들과의 비교를 통해 즐거움과 만족을 얻는다. 누군가 가르치지 않았어도 우리는 자연스럽게 오랫동안 그런 행위를 교육받아 익숙해져 있다.

누군가 어려움에 빠져 있을 때도 위로를 하는 경우 오히려 자기 위안을 받는 경우가 많다. 물론 처음부터 그런 의도가 아니었을지는 몰라도, 겉으로 위로하면서도 속으로는 은근슬쩍 위안을 받는다. 자신이 많은 것을 가지고 있을 때는 사람들의 그런 모습이 잘 보이지 않지만, 많은 것을 잃고 바닥이 되었을 때는 누군가의 진심이 잘 보이는 법이다. 그렇게 값싼 위로를 건네다가도, 다시 상대방이 재기하고 잘되면 내심의 위안이 금새 질투심으로 바뀐다. 비교를 통해 괴로움도 얻고 즐거움도 얻는 것이 인간이 살아가는 현실이다. 즉 누군가와 비교하면서 자기 위안을 얻거나, 심지어는 상대방을 짓밟는 것을 즐거움으로 삼는 사람들이 많다는 것이다.

학교에서 리포트를 써야 할 일이 있었다. 당시 리포트를 관리하던 학생이 그전에 썼던 리포트의 형식에 관한 샘플을 학생들에게 나눠주게 되어 있었는데, 나에게는 제공하지 않았다. 교수님이 실수로 잊어버리고 안 주셔서 내게 줄 수 없다는 것이었는데, 나중에 알고 보니 거짓말이었다. 그래서 나는 주위 사람에게 도움을 청해야만 했다. 그래픽 디자인을 하시는 분의 도움을 받아, 밤새 작업을 해서 리포트를 완성했다. 다음 날 다행히 많은 동료들과 교수님의 칭찬을 받을 정도로 성공적으로 발표를 완수할 수 있었다.

교수님은 당연히 샘플의 도움을 받았을 것이라고 생각했다. 그런데 안 주셔서 못 받았다고 했더니 교수님이 믿지를 않았고 확인하는 과정에서 나는 리포트를 관리하는 학생이 거짓말을 했다는 것을 알게 됐다. 나중에 그 학생에게 왜 그랬냐고 묻자 그는 차갑게 "결국은 다 잘됐잖아요"라고 대답했다. 그 일 이외에도 그 학생은 교수님이 나에게 요청한 여러 가지 일들을 제대로 전달하지 않는 등 다양한 방법으로 나를 곤란에 빠뜨렸다.

누구나 이런 일들을 겪어보았을 것이다. 살아가면서 이런 일들은 비일비재하고 피할 수도 없다. 누군가가 자기보다 잘되는 것이 싫고 질투심을 느낄 때, 이렇게 고의적으로 괴롭히고 피해를 주는 것이다.

이들이 그렇게 하는 것도 모두 자립적인 내면의 힘이 없기 때문이다. 내적 에너지로 독립적인 정신을 가진 사람은 허울뿐인 값싼 위로가 아니라 진정한 위로를 줄 수 있다. 맹자가 항산항심(恒産恒心)이라 했듯이 '곳간에서 인심 난다'는 말처럼, 이미 넉넉하고 여유가 있으면 상대방의 아픔을 충분히 공감할 수 있다.

우리는 누구나 크고 작은 상처를 안고 살아가고 있다. 어떤 사람은 직장이 구해지지를 않아서, 어떤 사람은 결혼을 못 하거나 아기를 갖지 못해서, 어떤 사람은 빚을 갚기 힘들어서, 어떤 사람은 가까운 이가 상처주는 말을 많이 해서 등등 누구나 아등바등 살아가고 있다.

이런 사람들에게는 쉬운 위로가 아니라 공감을 해주고 힘을 실어줘야 한다. 위로랍시고 폭력적인 언사를 내뱉는 사람들이 얼마나 많은가. 심지어 정신과 의사들이 환자를 조롱하는 경우도 심심치 않게 볼 수 있다.

나도 살면서 크게 상처받은 일이 있었을 때, 사람들을 만나는 것이 두려웠다. 사람들을 만나는 것이 죽기보다 싫었는데, 학위 문제로 어쩔 수 없이 학교에 가야 했다. 담당 교수님의 얼굴을 뵙고 황망하게 나오려는 차에 교수님이 나를 불러세워 책 한 권을 읽어보라고 선물로 주셨다. 그리고 한마디를 하셨다.

"참 애썼다."

집으로 돌아오는 길, 차 안에서 눈물이 펑펑 쏟아졌다. 진심 어린 말은 그렇게 힘이 있다.

논리보다 공감을 우선한다

30대 초반에 정기적으로 나가는 봉사 모임이 있었다. 그 모임에서 한 여성분에게 심하게 상처받은 일이 있었다. 그런 이야기를 가족이나 친구에게 이야기하면, 이렇게 답변하는 경우가 많았다. "너도 뭔가 잘못했겠지", "에이, 설마 그렇게까지 했겠어", "네가 잘났으니까 그러지", "걔도 오죽하면 그랬겠니". 물론 논리적으로는 그게 정답일 수 있다. 하지만 뭔가 가슴속에 뭉쳐 있는 응어리가 풀리지는 않았다.

어느 날 한 종교인과 함께 길을 걸어가다 그 이야기를 꺼냈더니 그분이 이렇게 말했다. 평소에 늘 교양 있는 말만 쓰고, 지적인 풍모를 보이던 분이었기에 그분의 한마디는 더욱 강렬하게 들렸다.

"미친년이네."

물론 이 언어적인 수사(修辭)만 떼어놓고 생각하면 무척 상스러운 말이고, 종교인답지 않은 말이라고 할 수 있다. 그러나 당시 그분의 말 한마디는 종교인의 어떤 설법보다 나의 갑갑했던 마음을 통쾌하고 시원하게 뚫어주었다. 어쩌면 내가 속으로 생각하고, 내뱉고 싶었지만 차마 그렇게 할 수 없었던 말을 대신해주었기 때문이리라. 자라면서 착하게 살아라, 화내지 말라, 항상 좋은 말을 써야 한다고 교육받았기 때문에 차마 생각할 수 없거나 말로 하지 못했던 것을 대신 표현해주니 체증이 확 내려가는 것 같은 느낌을 받은 것이다.

물론 그 사람이 평소에도 그런 말을 자주 쓰는 사람이라면 별로 효과도 없었을지도 모른다. 그런데 그는 기꺼이 자신의 입을 더럽혀가면서 나에게 공감해주려고 했다. 그가 만일 종교인다운 그럴듯한 미사여구(美辭麗句)로 나를 위로했다면, 나 역시 형식적이 될 수밖에 없을 고마움을 표한 채 또다시 쓸쓸한 기분을 안고 집으로 돌아왔을 것이다.

어쩌면 정답은 자신 안에 있다. 다만, 그것을 꺼내 볼 힘이 부족할 뿐이다. 그렇기 때문에 처음부터 정의와 율법을 따지는 논리보다는, 상대방의 응어리를 풀어주는 공감을 우선해야 좋은 의사소통을 할 수 있다고 생각한다.

그렇게 공감받고, 힘을 얻고 나면 논리는 내 안에서 차츰 수면 위로 떠오른다. '그 사람이 잘못한 점도 있지만, 세상에는 그런 사람이 많으니 내가 정신을 똑바로 차려야지', '내가 전에 그 사람에게 서운하게 한 게 있었을지도 몰라', '그런 게 없었다면 원래 그런 사람이니까 신경 쓰지 말자', '나는 다른 사람에게 그러지 않도록 해야지' 등등으로 올바른 답을 찾아나가는 것이다.

건강한 거리가 필요하다

대인관계를 맺는 데 있어 가장 중요한 것은 건강한 거리를 형성하는 것이라고 생각한다. 내가 어떤 사람과 새롭게 관계를 맺는다고 하면, 그 사람과 나는 어느 정도의 거리를 형성할지 그 길이를 정해야 한다.

사람 사이가 마냥 좋을 수 없고, 마냥 나쁘리란 법도 없기 때문에 처음에 단정적으로 판단해서는 안 된다. 내가 좋아하고 편안한 사람에게는 더 많은 접근이 용납되는 것이고, 그렇지 않은 사람에게는 더 많은 거리가 필요하다. 조금의 접근도 힘들 때는 헤어지는 것이 맞다.

그 거리가 나만의 판단으로 정해지는 것은 아니다. 상대방의 입장도 고려해야 한다. 상대방이 나를 어느 정도로 생각하고 있는지 판단하려는 노력이 필요하다. 상대방이 허용하는 만큼만 다가갈 수 있다는 말이다. 그 경계를 무너뜨리려고 하면 상대방에게는 자칫 폭력이 될 수 있다.

이렇게 관계 맺는 사람마다 다른 각각의 거리를 유지하면 인간관계에 있어서 크게 트러블이 생길 일이 없다. 거리가 너무 먼 것은 문제가 되지 않는 경우가 많다. 물론 상대방이나 내가 서운한 마음이 들 수도 있고, 더 많은 유익함을 공유하지 못할 수도 있지만, 과유불급(過猶不及)이라 모자란 것은 모자란 대로 받아들일 수 있다.

과할 때가 문제다. 누군가가 적당한 거리를 무너뜨리고 내 공간에 너무 많이 진입했을 때, 혹은 내가 합리적인 고려 없이 너무 많이 용납했을 때 사건사고가 발생한다.

나는 이 거리를 과거에는 사회에서 만난 사람들에만 국한된다 생각했다. 그러나 나이가 들고 보니 심지어 가족도 예외가 아니라는 것을 알게 됐다. 아무리 가까운 가족도 하나의 독립된 인간이며 독립된 개체다. 성향이 다 다르고 서로 필요로 하는 것이 다르고, 나에 대한 입장도 다르기 때문에 그에 맞게 각기 다른 거리를 설정해야 한다. 그렇게 정해진 거리를 유지하면 누구와도 건강한 관계를 이어나갈 수 있다.

적절하고 명료한 거리

정신과 의사 미누친[28]은 미국의 심리치료사들을 대상으로 한 2007년의 조사에서 지난 25년 가장 영향력 있는 10명의 치료사 중의 한 사람으로 선정되었다. 그는 소아과와 정신과를 함께 전공했다.

그의 핵심적인 이론은 가족치료[29]다. 한 사람에게서 나타나는 정신적 병리현상을 해결하기 위해서는 가족 구성원들의 전반적인 변화가 필요하다는 이념을 주축으로 하고 있다.

우리가 사람들과 관계를 맺고, 커뮤니케이션을 할 때 가장 주의를 기울여야 하는 부분이 적정한 거리 유지이다. 그런데 미누친은 정신적인 질환에 빠지기 않기 위해서는 사회생활뿐만 아니라 가족과 같은 1차 집단에서도 건강한 거리를 갖는 것이 중요하다고 역설했다. 그는 영역(boundary)이라는 개념을 이야기했는데, 건강한 가족은 가족 각자가 자신의 영역을 갖고 있으며, 그 영역을 지키기 위한 경계를 갖고 있다는 것이다.

한국의 대표적인 스타 가수 이적의 어머니 박혜란 교수는 서울대 사회학과 출신으로, 우리나라 1호 여성학자이다. 그녀의 자녀교육법도 유명하다. 따로 공부하라고 명령하지 않고, 마루에 큰 테이블을 갖다 놓고 자신이 거기서 책을 읽고 공부를 하고 있으면, 아이들이 그 모습을 보고 따라서 공부를 했다고 한다. 그런 그녀의 자녀교육법 중에 가장 독특하고 한국 문화에서 다소 충격적이기까지 했던 것은, 자식들을 마치 손님처럼 대한다는 교육철학이었다. 그녀는 가족들 간에도 건강한 거리가 필요하다는 것을 알고 있었다.

미누친은 개인이 건강한 정신을 가지기 위해서는 가족들 사이에 경계를 갖고 있고, 그 경계가 적절하면서도 명료해야 한다고 이야기했다. 경계가 모호할 때 뭉개진 가족의 형태가 되어 가족들 간에 불필요한 개입이 일어나고, 또한 경계가 지나치게 경직되어 있을 때는 커뮤니케이션에 어려움이 따라 분리된 가족이 될 수 있다고 주장했다. 자신을 둘러싼 사람들과의 적절하고 명료한 거리가 개인이 정신적인 장애에 빠지는 것을 막고, 가족을 비롯한 사람들 간의 관계를 건강하게 만든다는 것이다. 우리는 일반적인 인간관계에서도 적절하고 명료한 거리, 뭉개진 관계와 분리된 관계의 중도(中道)를 찾아야 한다.

결론적으로, 우리가 사람들의 숲을 살아가면서 늘 잊지 말아야 하는 것이 논리보다는 공감을 더 기본으로 하면서, 건강한 거리를 유지해야 한다는 것이다.

원예치료를 통한 사회적 관계의 형성

그렇다면 더 나은 의사소통을 돕는 원예치료의 사회적 기능은 무엇일까? 원예치료는 사회생활과 대인관계에 어떤 강점을 발휘할 수 있을까?

원예치료를 하게 되면, 기본적으로 치료사와 대상자 서로 간의 자연스러운 상호작용이 이루어진다. 이 관계에서 도움을 주고받으면서 사회성이 발달된다. 또한 치료사와 무관하게, 대상자들 간에도 서로 의사소통을 하면서 사회적인 능력이 증진될 수 있다.

덧붙여 인간들 간의 관계뿐만 아니라 녹색식물과 대상자, 치료사도 사회적 관계를 형성하게 되는 셈이다. 그렇게 실제 사회생활에서 시도해보지 못했던 다양한 교류를 시도해봄으로써 사회적인 능력이 함양되는 효과를 거둘 수 있다.

한 가지 연구 결과를 살펴보면, 청소년의 경우 초등학교에 재학 중인 5~6학년 학생 256명을 대상으로 총 10회에 걸쳐 식물 재배활동을 중심으로 원예치료 프로그램을 실시한 결과, 참여한 아동들 상호 간의 관계와 사회성이 선명하게 향상되는 것을 확인할 수 있었다.[30]

일반적으로 원예치료를 통해 아동의 경우 사회성이 개발되고, 사회적 능력이 향상되며 동료 관계가 호전된다. 성인과 청소년의 경우 원예치료를 통해 의사소통 및 대인관계 증진, 사회적 지지망 형성 및 확대의 효과를 거둘 수 있다. 정신질환자의 경우 사회적응 행동이 증진되고 사회적 기술이 향상되며 문제행동이 감소된다는 연구결과가 발표되고 있다. 사회성 향상에 있어서 원예치료가 분명한 효과가 있음이 입증된 것이다.

7장 존중과 배려에 대하여

보다 더 넓은 사회, 전 지구적인 차원에서 생각했을 때 인류에게 꼭 필요한 덕목은 무엇일까? 우리는 20세기를 거치면서 세계대전을 두 차례나 겪었다. 아직도 국지전과 테러 등의 문제가 남아 있기는 하지만, 그래도 20세기 후반부터 21세기로 이어지는 반세기 이상의 기간은 다행스럽게도 평화의 시대라고 할 수 있다.

하지만 이러한 평화는 가만히 내버려 둔다고 쉽게 유지되는 것이 아니다. 엔트로피[31]라는 열역학 제2법칙도 이야기하듯, 물리학에서는 일반적인 상황에서 그 원소들이 무질서한 상태로 나아가는 경향이 있다. 따라서 우리는 평화를 유지하기 위해 끊임없이 노력해야 한다.

우리가 서로 끝없이 갈등하다 공멸하지 않고 공존하기 위해서는 이른바 인간에 대한 예의가 필요하다. 그 예의의 근본은 바로 서로에 대한 존중과 배려다. 이번 장에서는 그 존중과 배려에 대해 한 걸음 더 깊이 들여다보는 시간을 갖도록 할 것이다.

상대방의 다름을 인정하라

부모님은 나에게 많은 것을 주셨지만, 그래도 사람인지라 서운한 점이 없을 수는 없다. 그중에 한 가지를 고백하자면, 20대 때 부모님에게 들었던 말 중에 가장 듣기 싫었던 말은 "네가 참아라"였다. 지금은 부모님과 더 진솔한 대화를 나누고, 나도 내공이 생겨서 스스로를 위로하고, 내 속에서 문제를 해결하는 힘을 갖추고 있지만, 그렇지 못했던 시절에는 그 말이 시쳇말로 고구마 백 개를 먹은 것처럼 답답했다.

부모님은 당신들이 그런 길을 걸어왔기 때문에 그런지는 몰라도 항상 윤리적으로만 이야기하셨다. 화를 내지 마라. 네가 참아라. 그렇지만 그런 말들이 나를 더욱 힘들게 했다. 어리광도 부리고, 적당히 우기기도 하고, 화를 냈다가 풀어지면서 사과도 하고, 화해도 하는 것이 인간이다. 그런데 무조건 참고 이해하라고 이야기해버리면 그 사람의 감정이 풀어질 수 있는 길을 모두 막아놓는 것이 된다. 이러한 채찍질이 반복되면 결국

위선적이고 가식적인 인간이 되거나 우울증과 같은 정신질환에 시달리게 된다. 더 위험한 사람이 되는 것이다.

내가 그럴 수 없듯이 남에게도 그런 것을 바라면 안 된다. 상대방을 배려하기 위해서는 상대방에게 완벽함을 강요해서는 안 된다. 상대방이 잘나고, 성인과 같이 행실이 바르고, 인품이 훌륭해서 존중하는 것이 아니다. 부족함에도 불구하고 존중하는 것이다. 존중까지 힘들다면 최소한 하나의 인격체로서 인정하는 자세가 필요하다.

조언하지 말고 경청하라

누군가에게 조언할 때, 상대방에게 나의 정답을 제시해서는 안 된다. 각자 자신만의 정답이 있다. 내가 그와 똑같은 상황에서 똑같은 경험을 한 것도 아니고, 내가 그와 똑같은 사람도 아닌데, 어떻게 내가 제시한 답이 정답이 될 수 있겠는가? 우연히 그게 잘 맞아떨어졌다고 하더라도 다음번에는 어떻게 할 것인가? 앞서도 이야기한 것처럼 의존적인 관계는 건강하지 못하다.

만약 누군가 조언을 구할 때가 있으면 솔직하게 그런 경험이 없어서 모르겠다고 하든지, 아니면 아이 메시지(I message), 즉 나 자신에 대한 이야기를 해야 한다. 정답을 아는 것처럼 이야기하지 말고, 나는 그와 비슷한 이러저러한 상황에서 어떻게 했다는 것을, 내 이야기를 들려주면 된다. 그러면 상대방이 나에게 참고할 점이 있으면 참고하는 것이고 아니면 버릴 것이다.

그리고 대개의 경우 조언을 구하거나 문제점을 이야기하러 찾아오는 사람에게 가장 적절한 해답은 성인(聖人)들도 경청부터 하였듯이 경청(敬聽), 그 자체인 경우가 많다. 섣부른 위로나 조언을 하기보다는 열심히 들어주는 것만으로도 문제가 해결되는 경우를 종종 보게 된다. 물론 문제와 관련한 전문적 식견이나 정보가 있어서 그에 대한 노하우를 들려주면 도움이 되겠지만, 그것도 정답이라고 말하는 것이 아니라 당사자가 스스로 해답을 찾아나가는 참고 자료로 삼게 해야 한다.

경청을 하면 상대방이 이야기를 하면서 스스로 답을 찾아내게 된다. 문제를 제시하면서 답까지 말하는 것이다. 해당 상황을 가장 잘 아는 것은 본인이다. 분노나 불안 등의 감정에 휩싸여서 답이 보이지 않다가도, 누군가에게 이야기하면서 감정도 풀어지고 객관적으로 그 문제를 조망하게 되면서 스스로 답을 찾게 된다.

따라서 누군가에게 도움을 주고 싶다면 그 사람의 이야기를 경청하라. 그리고 혹 그 사람이 말을 꺼내기 힘들어하면 간간이 질문을 던져주고 다시 열심히 이야기를 들어주는 것만으로 족하다.

모두가 자기의 역할이 있다

하나하나 떼어놓고 보면 그다지 예뻐 보이지 않는 꽃들이 함께 있으면 의외로 아름다운 조화를 이뤄내는 것처럼, 불필요한 것 같은 사람도 다 세상에서 자기의 역할이 있다. 극단적인 예로, 남에게 상처를 주는 사람은 가시가 있는 꽃과 같다. 그렇지만 향기가 좋아 누군가의 숙면을 도와줄 수도 있고, 특정한 환자에게는 귀한 약재가 될 수도 있다.

물론 살아가다 보면 그런 가시가 나에게는 상처가 되고 그래서 그 사람이 미워지기도 한다. 하지만 누군가는 그런 가시에 찔려도 아프지 않을 수도 있다. 어쩌면 내가 가진 약점 때문에 그 사람의 어떤 모습이 가시로 느껴지고 작은 자극에도 민감하게 반응하는 것일 수 있다.

그런 점들을 고려한다면, 내가 누군가에게 상처받았을 때, 그 사람만 욕할 것이 아니라 내 안에 통증을 느끼는 어떤 감각이 있는지 돌아보면 된다. 그렇게 가시 있는 사람을 피하기만

할 것이 아니라 직접 대면해 나를 돌아보는 계기로 삼는다면 좀 더 건강한 사람으로 성장하는 계기를 마련할 수 있다. 상대방의 문제점을 고치려 들고, 상대방을 부정하기보다는 나의 내면을 자각하고 알아가는 것이 더 중요하다. '무시해도 되는데 왜 화가 날까?', '예전에 이런 일이 있었는데 그때는 이렇게 잘 대처했었지'. 그렇게 돌아보는 연습을 하고 내면을 살피는 훈련을 하면 흔들리지 않는 중심과 본질을 찾을 수 있게 된다.

사람들은 누구나 각자의 역할이 있는 법이다. 따라서 한 사람을 그 모습 자체로 인정하고, 내가 충분히 건강해지는 방향에 집중한다면, 지금은 가시로만 느껴지는 상대방의 어떤 면모가 나중에는 재밌게 느껴질 수도 있고, 유연하게 대처할 수 있으며, 심지어 내 삶에 약으로 쓰일 때도 있을 것이다. 적어도 더불어 사는 기술을 익히는 데는 큰 도움이 될 것이다.

자신과 세상에 대한 비합리적 신념에서 벗어나자

우리는 세상이나 사람을 내 입맛에 맞게, 내 기대치에 맞게 바꿀 수 있다고 착각하곤 한다. 바꿀 수 있는 세상도 한계가 있거니와 사람을 바꾸기는 더욱 불가능한 일이다. 상대방을 억지로 바꾸려는 마음 자세를 갖게 되면 상대방을 존중하거나 배려하기보다는, 비난하고 비하하며 폭력적인 언사를 하게 된다. 자신의 마음도 괴롭히고, 남도 미워하게 만드는 것이다.

이러한 인간의 잘못된 신념을 지적한 사람이 있다. 바로 20세기에 왕성하게 활동했던 인지심리학자 앨버트 앨리스[32]다.

1913년 미국 피츠버그에서 태어난 그는 어려운 환경에서 자랐다. 아버지는 가정적인 사람이 아니었기에 일을 핑계로 거의 집에 들어오지 않았고, 어머니도 살림에 능숙한 사람이 아니어서 장남이었던 앨리스는 집안일을 도맡아 처리했다. 편도선염, 신장염 등을 심하게 앓아 죽음의 문턱에서 살아나기도 했고, 극도로 내성적인 성격으로 사회공포증[33]을 갖고 있었던 엘리스는 힘든 학창 시절을 보내야 했다. 자연스럽게 그는 심신의 건강에 깊은 관심을 갖게 되었고, 컬럼비아 대학에서 심리학 박사학위를 받으면서 상담 전문가로 성장하게 되었다. 소설가를 꿈꾸던 독서광이었던 엘리스는 고통스러웠던 어린 시절의 경험을 밑거름으로 인지심리학[34]의 거두로 성장하게 된다.

그는 사람들이 가진 비합리적인 신념이 정신장애를 앓게 만든다고 주장했다. 비합리적인 신념을 합리적인 신념으로 전환할 때 건강한 정신을 회복할 수 있다는 것이다. 그가 이야기한 비합리적인 신념을 간단히 정리해보면 이렇다.

먼저 자신에 대한 비합리적인 신념이다. 자신에 대한 당위성(當爲性)이라고도 이야기하는데, 이것은 자신이 현실적으로 해낼 수 없는 과도한 목표를 자신에게 요구한다. 그리고 한편으로는 자신이 절대로 실패하거나 실수해서는 안 된다는 믿음을 갖고 있다. 이것은 우리를 자기혐오에 빠지게 하고 세상에 적응할 수 없도록 만든다.

두 번째는 사람에 대한 비합리적인 신념이다. 예를 들면 내 아내는 정숙한 사람이어야 한다, 내 남편은 이 정도 직장은 다녀야 한다, 내 친구는 언제나 내 편에 서서 믿음과 의리를 보여야 한다, 직장 동료는 나에게 잘 협조해야 한다는 것들이다. 자신의 이러한 기대가 채워지지 않을 때 우리는 좌절을 경험하며 사람들에 대한 극단적인 불신감을 갖게 된다. 타인에 대한 비합리적인 신념은 개인의 인격 전체에 대한 불신, 혹은 인간 전체에 대한 회의와 분노를 촉발해 폭력적인 행동을 일으키거나 사람들과의 단절을 불러일으킨다.

또한 세상과 환경에 대한 비합리적인 신념이 있다. 우리 사회는 언제나 노력한 만큼 대가가 주어질 정도로 공정하고, 훌륭한 일을 한 사람은 상을 받고 잘못된 사람은 그에 합당한 벌을 받을 정도로 정의로워야 한다고 생각한다. 혹은 내가 사는 집은 이 정도 크기는 되어야 한다, 내가 다니는 학교는 이 정도 명문 학교는 되어야 한다, 내가 다니는 직장은 이 정도 수준은 되어야 한다는 것과 같이, 자신에게 주어진 환경이 마땅히 이 정도는 되어야 한다는 비합리적인 신념을 갖는다.

이러한 비합리적인 신념들은 현실에서 일어날 수 없는 일이며, 관념과 현실의 지독한 괴리는 개인의 삶을 불만과 좌절로 가득 찬 비극으로 만든다. 우리는 자신이 가지고 있는 이러한 비합리적인 신념에 대한 집착에서 벗어나야 한다. 당장 힘들더라도 현실을 직시하는 효과적인 철학을 통해 정서적인 장애에서 탈출해야만, 우리를 둘러싼 세상과 다양한 사람들 사이에서 건강한 관계를 만들어나갈 수 있다.

상대방이 느끼는 배려를 하라

상대방을 사랑하고 배려한다는 것은, 상대방의 입장에서 사랑하고 배려하는 것이다. 내 입장에서만 밀고 나가는 일방적인 사랑은 스토킹 같은 폭력에 불과하다. 상대방이 느끼지 못하는 배려는 배려가 아니다.

'사랑하는 것은 사랑하는 방법을 아는 것'이라는 말이 있다. 사랑하는 방법을 안다는 것은 사랑하는 대상이 진정으로 원하는 것이 무엇인지 잘 알고 있고, 그것을 어떤 방식으로 주어야 하는지 알고 있다는 말이다. 알로카시아[35]나 다육식물[36]같이 물을 적게 먹는 아열대 식물에게 사랑한답시고 계속해서 물을 주는 것은 사랑이 아니라 폭력이다. 사랑하는 방법을 모르면 사랑한다고 말할 수 없다.

연인관계에서도 마찬가지다. 어렸을 때는 사랑하기 때문에 헤어진다는 말을 이해하지 못했다. 하지만 이제는 알 것 같다. 서로 멀어지는 것이 서로에게 더 큰 도움이 된다면 이별도 사랑의 한 방식이 될 수 있다. 사랑하는 사람에게 필요한 것을 주는 것이 사랑이고 배려인 것이다.

어떤 아나운서가 한 라디오 프로그램에서 자신의 젊었을 적 연애담을 들려준 적이 있다. 대학교 도서관에서 한 남자를 만났는데 너무 잘생기고 멋져서 한눈에 반하게 되었고, 사귀게 되었다고 한다. 그 남자를 좋아하는 마음이 너무 크다 보니, 잠시 엉뚱한 상상도 하게 되었는데, 그 남자가 다리를 다쳐서 평생 자신이 휠체어를 끌고 다니면서 보살펴도 좋겠다는 생각이었다고 한다. 물론 한때의 철없던 시절의 생각이었다고 술회한 바 있다.

우리가 생각이 짧을 때는 소유욕과 사랑을 혼돈하기도 한다. 그리고 자신이 원하는 방식의 사랑을 상대방에게 강요하기도 한다. 그것은 진정한 사랑이나 배려가 아니다. 상대방이 즐거운 사랑, 상대방이 좋아하는 배려를 해야 한다. 그리고 그렇게 하려면 노력이 필요하다.

배려하고 싶다면 교감하라

언젠가 장애인센터에 봉사를 갔을 때 봉사자들이 한 노인을 가리키며 성격이 고약하다고 핀잔주는 것을 들은 적이 있다. 밥을 먹이면 성질을 부리면서 숟가락을 손으로 탁 쳐내버린다고도 했다. 그 이야기를 듣고, 그날 내가 그분의 배식을 담당하게 되었다.

봉사활동을 하다 보면 빨리 움직여야 하고, 할 일은 많고, 시간이 여유가 없다고 생각하기 쉽다. 그래서 밥 한 숟가락을 떠먹여드릴 때도 성급하게 달려드는 경우가 많다. 그러다가 잘 안 먹으면 입맛이 없다고 생각해 포기하고 다른 일을 하는 것이다.

진정한 교감이 안 되면 제대로 된 배려를 할 수가 없다. 우리가 몸이 아플 때를 생각해보면, 누군가 말만 잘못 걸어도 짜증 날 때가 있다. 스트레스 받으면 소화도 잘 안 돼서 음식을 빨리 먹는 것도 힘들다. 그런데 밥을 쑤셔 넣듯이 계속 입에 넣어

주면 어떤 기분이 들겠는가? 고맙다는 생각보다 화가 먼저 날 것이다.

나는 그 노인분도 그럴 것이라고 생각했다. 그래서 천천히 한 숟가락씩 넣어드리고 꼭꼭 천천히 다 씹을 때까지 기다려서 다음 밥술을 떠드렸다. 그렇게 해드렸더니 그 노인분은 화를 내지 않고 식사를 다 드셨다. 그분은 성질 나쁜 노인네가 아니었다.

내가 그렇게 식사를 다 마치고 나자 다른 봉사자들이 나를 보고 천사 같다고 칭찬을 했다. 나는 천사가 아니다. 다만 그냥 그분의 입장을 생각해 기다려드린 것뿐이다. 누구나 자기 입에 흘러넘칠 정도로 음식을 쑤셔 넣으면 화가 난다. 천천히 나눠서 드리고 기다린 것뿐이다. 우리는 이렇게 교감하고 기다려주지 못하고 성급하게 자기 식대로 한다. 하지만 그렇게 하면 상대방의 성질을 돋울 뿐이고, 결국은 다툼이 벌어져서 나에게도 피해가 오게 된다. 우리는 누구나 인간 대접을 받고 싶다. 내가 그런 대접을 받고 싶다면, 내가 먼저 남을 그렇게 배려해야 한다.

사람을 살고 싶게 만드는 인간 존중

이모님은 살아생전에 나와 친분이 깊었다. 돌아가실 즈음에는 안타깝게도 온몸에 암세포가 전이되어 살 가능성이 극히 희박해 병원마다 받아주는 곳이 없었다. 냉정한 현실이지만 담당의사들은 자기 명부에 사망자가 나오는 것을 꺼렸다. 나는 동분서주하며 이모를 받아줄 의사를 찾아다녔다. 다행히 그전에 알고 지내던 한 의사 선생님께서 감사하게도 자기 병원으로 오라고 했다.

이모는 자궁암이 폐암, 위, 대장 등 이미 여러 곳으로 전이되어 있었다. 의사 선생님은 담당 의사를 한 분으로 정해야 하는데, 어떤 전공 분야를 원하느냐고 나에게 물었다. 나는 선생님에게 이렇게 말했다. "선생님, 어떤 분야라도 상관이 없으니 한 번이라도 병실에 내려와 저희 이모님 손 한 번 잡아줄 수 있는 분으로 해주세요"라고 답했다. 그런데 나의 이 답변이 의사 선생님의 마음에 가닿았던 것 같다.

입원 다음 날 새벽 이모 옆에 누워 있는데, 각 담당의가 차례로 병실을 방문했다. 그들은 하나같이 이모의 손을 꼭 잡으며 “좀 괜찮으세요? 몸은 좀 어떠세요” 하고 물었다. 의사들이 다 돌아가고 나서 이모님이 딱 한마디를 내게 건넸다. “나 살고 싶다. 나, 이제 사람이 된 것 같아.”

병원에 가면 아파서도 괴롭지만 사람 대접을 못 받아서 괴로운 경우도 많다. 인간적인 의사들도 많지만, 그렇지 않은 의사들도 상당수다. 환자를 실험이나 연구대상으로 바라보고 각종 테스트를 하는 의사도 더러 있다. 인격을 가진 사람을 하나의 데이터로 취급하는 것이다. 환자와 눈 한번 제대로 맞추지 않는 의사들도 있고, 그냥 나무토막 바라보듯 대하는 의사들도 있다. 물론 한정된 의료진이 많은 환자를 다루다 보니 의사들도 힘들겠지만 구조가 잘못되었다면 시스템을 개선하고 소양 교육을 잘 해서라도 이런 문제는 개선되어야 하겠다. 병원에 갔을 때, 최소한 눈을 마주치고, 5분 이상 대화를 나누고, 따뜻한 시선으로 환자의 상태를 물어보고 친절히 답해주는 의사들이 있었으면 좋겠다. 사람은 사람으로 존중받지 못하면 생의 의지도 꺾여버린다. 더구나 몸이 아픈 환자는 어떻겠는가?

치료사들도 마찬가지다. 대상자들을 을(乙)로 취급해서는 안 된다. 왜 돈까지 내면서 을로 취급받아야 하는가? 모두 누군가의 소중한 아빠고, 딸이고, 엄마인데 말이다. 환자와 대상자가 의사와 치료사들과 동등한 위치에서 서로 교감하고 인간으로 존중받을 때, 치료라는 본래의 목적을 잘 달성할 수 있을 것이다.

서로 간의 존중과 배려는 한 사람을 살고 싶게 만들고, 전 인류 차원에서도 전쟁이나 환경오염 등으로 공멸하지 않고 서로 도우며, 지속 가능한 지구를 만들어갈 수 있도록 해주는 것이라고 나는 믿는다.

원예활동을 통한 심신의 정화

세상과 좋은 관계를 맺기 위해, 우리는 자기 자신을 먼저 다양한 시도를 통해 정화(淨化)하는 것이 필요하다. 원예치료의 심리적 효과는 이미 여러 실험을 통해 강력한 것으로 밝혀졌다. 원예치료 연구의 결과에서 이러한 심리적 정화 효과의 결과를 상당히 많이 볼 수 있다.

우리는 원예활동을 하면 다양한 정신적 치료 효과를 가질 수 있다. 우울감이 사라지거나 충동이 조절된다거나 감성이 순화되고, 마음의 평안을 얻을 수 있다. 그것은 생명력이 있는 자연과의 교감을 통해 다양한 신체적 변화가 기반이 된다. 원예활동을 하게 되면, 핏속에 있는 나쁜 산화헤모글로빈[37]의 농도가 감소되는 것이 연구결과 밝혀졌다. 그리고 뇌파가 안정된 상태인 알파파[38]로 변화하는 것을 알 수 있다.

우리 몸의 교감신경은 우리가 위기에 처했을 때 긴장되고 불안할 때 활성화된다. 그렇지만 자연의 식물을 가까이하면 그와 반대되는 부교감신경이 활성화되면서 편안함을 느끼게 된다. 많은 노동자들이 꽃을 보는 것만으로도 부교감신경이 활성화되면서 마음이 안정되는 것을 느낄 수 있었다고 한다.

이렇게 원예활동은 우리를 정화해주는 힘을 갖고 있다. 세상을 거칠고 위험하게 느끼기보다는 자연스럽게 조화할 수 있는 대상으로 느끼게 해준다.

일반인, 근로자들이 아닌 정신질환자들에게 원예치료는 더 두드러진 효과를 낸다. 우울증 환자는 우울감이 감소되는 효과를 얻고, 조현병[39] 환자 역시 조현병 증상이 감소되는 연구결과가 있다.

간단하게 예를 들어보면, 우울증을 앓고 있는 노인 9명을 대상으로 원예치료 프로그램을 12회에 걸쳐 실시한 결과 노인성 우울점수가 줄어들었다는 것을 확인할 수 있었다. 또한, 조현병 환자 총 28명에게 10회에 걸쳐 원예치료 프로그램을 실시한 결과, 환각 행동과 같은 증상이 줄어들었고, 감정적으로나 사회적으로 위축되는 증상이 역시 줄어들었으며, 죄책감과 긴장감, 불안감을 덜 느끼고, 운동 능력도 향상되는 효과를 발견할 수 있었다.[40]

자연을 가까이하는 원예치료 프로그램들이 일반인, 환자를 가리지 않고, 심신을 정화하고 세상을 좀 더 건강하게 살아갈 수 있게 하는 데 확실히 효과가 있음이 입증된 것이다.

8장 포기하지 않는 삶의 길

인생은 힘든 길이지만 그래도 계속 걸어가야 한다. 걷다 보면 오아시스도 나타나고 시원한 물줄기가 흐르는 마을도 만날 수 있다. 터널의 끝에는 빛의 세상이 환하게 열리는 법이다. 힘든 터널을 끝까지 통과할 수 있다면, 그 과정에서 겪었던 어려웠던 순간들은 우리에게 단단하고 달콤한 열매를 가져다줄 것이다.

우리가 사막 같은 세상을 하염없이 걷는 순간은 혼자가 아니다. 한 남자가 죽어서 저세상에서 신을 만났다. 신은 그 남자가 걸어온 길을 보여주었다. 모래밭에 두 개의 발자국이 길게 놓여 있었다. 나는 늘 너와 함께 동행하고 있었노라고 신은 말했다.

그런데 삶의 어느 과정에서 발자국이 하나밖에 보이지 않았다. 그때 남자가 외쳤다. 저걸 보십시오. 제가 가장 힘들었던 순간에 발자국은 하나밖에 없지 않습니까? 그러자 하나님이 말했다. "그때는 내가 너를 업고 걸었던 것이다."

고통스러운 순간에도 '호랑이한테 물려가도 정신만 차리면 산다'는 마음가짐으로 좌절하지 않고 기도하거나 주위를 돌아보면, 꼭 수호천사 같은 신의 힘이 함께한다는 것을 느낄 수 있다. 당신은 외롭지 않다. 그러니 계속 걸어가라. 당신을 사랑하는 신이 반드시 새로운 경지를 열어줄 것이다. 그리고 그것이 가치 있는 생을 만들어가는 비결이다.

포기하지 않는 삶이 아름답다

누구나 그렇겠지만 나 역시 짧지 않은 생을 살다 보니 나를 공격하는 사람들을 많이 만났다. 하지만 어렸을 적에는 공격을 받으면서도 공격받는 줄 모르고 지냈던 것 같다. 지나치게 순진해 그걸 눈치채지 못하기도 했다. 또 당시에는 직업적인 지위나 금력, 인맥 등의 사회적 자원이 상당히 있었기 때문에, 그런 무기들을 통해 어느 정도 해결할 수 있었던 것 같다. 그리고 하루하루 업무가 너무 바빠서 그런 부분을 돌아보거나 깊이 천착(穿鑿)해볼 겨를조차 없었다. 불편한 관계가 있으면 애써 피해버렸고, 안 좋은 소리가 내 귀에까지 들려도 좋게만 해석하려고 노력했다.

하지만 세월의 변화를 겪고 나이를 먹으면서 지금의 나는 그 자원의 대부분을 잃어버렸다. 그래서 피하고 싶어도 피할 수 없게 되었고, 그때만큼 나를 보호해줄 방벽도 갖추지 못하고 있다. 그렇기 때문에 하나하나 다 상대하고 부딪쳐야 하는 삶을 접하게 되었다. 그리고 젊었을 때만큼 바쁘지도 않고 혼자 생각할 시간도 많아졌다. 그러다 보니 그때는 보이지 않았던 것이 눈에 들어오기 시작했다. 나를 대하는 한 사람 한 사람의 태도나 감정, 삶의 방식들이 세세하게 보이기 시작한 것이다. 뭔가 일을 처리하려고 할 때 저해되는 요소가 많고 상처 주는 사람들도 많았다.

나는 이미 많은 고통을 겪었는데 왜 또 이런 일을 겪어야 하는지 괴로웠다. 그때 문득 이런 생각이 들었다. '저 사람만 피하면 괜찮을까? 이런 일을 또 겪게 되지 않을까?' 결국은 내가 바뀌는 수밖에 없었다.

하나님은 나에게 이렇게 말씀하셨다. "네가 좋은 사람에게 친절하게 배려하는 것도 좋은 일이지만, 너에게 악질적으로 대하는 사람에게도 배려를 한다면 그것이 더 진정한 배려가 아니겠느냐." 그리고 가진 게 아무것도 없을 때, 내게 주어진 상황을 피하지 말라고도 하셨다. 그래서 너무 아프고 무섭지만 부딪치기로 결심했다.

대학원에서 논문을 쓸 때도 이와 유사한 상황이 일어났지만 논문을 포기하지 않았고, 그래서 박사학위를 취득하고 원예치료사로 활동할 수 있게 되었다. 살다 보면 지금 겪고 있는 일과 같은 어려움이 다시 일어나지 말라는 법이 없다. 그때마다 도망간다면 건강한 인생을 살아가기 힘들다. 상처받고 깨지면서 나의 연약함이 드러나도 현실을 직면하고 부딪쳐야 한다. 그렇게 해서 관문 하나를 통과하고 나면 그만큼의 면역이 생기고 내면이 더욱 단단해진다. 조금씩 성장해나가는 것이다. 세상이, 세상 사람들이 바뀌길 바랄 순 없다. 세상은 변하지 않는다. 다만 내가 변할 수 있을 뿐이다. 내가 변해야 한다.

내 안에는 그렇게 포기하지 않고, 이겨낼 수 있는 자질이 있다. 나는 그것을 믿는다. 그래서 나는 대상자들에게 원예치료를 하거나 강의할 때 이렇게 말한다. "제가 여러분보다 대단해 이 자리에 있는 것이 아닙니다. 저는 여러분의 상황에서 한 발짝 물러서 있기 때문에 이런 말씀을 해드릴 수 있는 것입니다."

우리는 각자 자기 안에 있는 내면의 힘을 믿고 포기하지 말고 세상과 맞부딪쳐야 한다. 세상이 변하기를 바라면 늘 불만투성이인 인생이 될 것이고, 내가 내면의 힘을 강화시키면 세상도 훨씬 살 만한 곳이 될 것이다.

아는 것과 실천하는 것은 다르다

세상에서 제일 쉬운 일은 남을 비판하는 일이다. 스마트폰으로 정치사회 면을 보면, 연일 낯부끄러운 권력자들의 거짓말과 부정부패, 의혹들에 관한 기사들이 넘쳐난다. 그리고 댓글을 보면 여지없이 그들을 비난하는 글들이 주류를 이루고 있다.

어떻게 보면 매우 자연스럽고 당연한 현상이다. 하지만 조금 더 깊이 들어가서 생각해보자. 부정을 저지른 권력자들은 언론의 집중포화를 받는다. 그런데 그렇게 비난하는 사람들 중에 자기 자신이 그런 위치에 있을 때도 정말 그렇게 하지 않을 이가 몇이나 될까? 조그마한 권력, 조그마한 특권이라도 지니고 있으면 그걸 누리고 싶고 놓지 않으려고 하는 게 사람인데 말이다.

현실에서는 심지어 청렴결백하게 행동하는 이를 두고 바보라며 무시하거나 저만 잘났느냐고 힐난(詰難)하고, 무리에서 따돌리면서 괴롭히기도 한다. 그래도 인간에게는 양심이라는 게 있어서, 양심이 찔려 괴로운 것보다 타인을 매도하고 축출하는 편이 훨씬 낫다 판단하는 것이다.

심지어 가장 양심적으로 행동해야 할 종교단체에서조차 그런 일이 벌어진다. 곧이곧대로 행동하고 신앙생활에 충실하니 그런 점은 공격하지 못하고, 아픈 과거를 들먹이며 공격하는 사람들도 있다. 사례를 구체적으로 이야기하기는 곤란하지만 실제로 우리 주변에서 늘 일어나는 일이다. 남들이 정도(正道)를 지키지 않을 때 비난하는 것은 쉽지만 자신이 지켜나가는 것은 어렵다.

나는 어떤 일을 할 때 내가 할 수 있는 한 최선을 다하려고 노력한다. 그래야 후회가 남지 않기 때문이다. 그래서 사람들이 나에게 왜 그렇게 힘들게 사느냐고 물어보기도 한다. 하지만 다른 일은 몰라도 누군가를 살리는 활인업(活人業)에 종사하는 사람은, 그 일을 하는 동안만큼은 그렇게 해야 한다고 생각한다. '얼마나 가치 있고 귀한 일인가? 당연히 힘이 들어야 하는 것 아닌가?'라고 나는 묻고 싶다. 내가 조금 더 힘들면 다른 사람이 조금 더 대접받고 존중받으며 더 잘 치료되는 것이 눈에 뻔히 보이는데 그렇게 하지 않을 수 있겠는가?

나를 가까이서 지켜본 어떤 사람이, 내가 어떤 일을 할 때 진정성이 느껴져서 좋았다고 말한 적이 있다. 나는 어떤 일을 할 때 꾸밈없이 전심전력을 다하기 때문에 남들도 다 그렇게 하는 줄 알았다. 그런데 여러 가지 일들을 겪고, 세상을 보는 눈이 조금 더 뜨이면서 그렇지 않다는 것을 알게 되었다. 많은 사람들이 남에게 들이대는 잣대를, 정작 자신에게는 적용하지 않는다는 것을 알았다.

하지만 그것은 누구보다 자기 자신에게 가장 손해인 일이다. 인생에서 가장 중요한 것을 놓치기 때문이다. 가식적으로 대강대강 살아간다면 그만큼 자신의 인생이 별 볼일 없게 된다. 봉사를 하거나 치료를 하는 사람들의 우선순위가 남으로부터 인정받거나 자기 이름을 알리거나 돈 벌고 힘을 가져서 위세를 떨쳐보겠다는 것이 되어서는 곤란하다. 그것은 자신의 일과 인생을 가짜로 만드는 것이다. 보여지기 위한 것이 우선순위가 되어서는 안 된다.

그런데 더 심각한 것은 그런 사람들끼리 함께 어울려 있으면 그게 너무 당연해서 문제라는 인식조차 못 한다는 것이다. 그러다 양심적이고 진정성 있는 사람을 만나면 너무 낯설고 불편해 온갖 모함과 비난으로 제거해버린다.

러시아의 대문호 톨스토이가 이런 말을 한 적이 있다. “인생에서 가장 중요한 순간은 지금 이 순간이고, 인생에서 가장 중요한 사람은 내가 지금 만나고 있는 사람이며, 인생에서 가장 중요한 일은 지금 내가 하고 있는 일이다.” 지금을 소홀히하는 것은 내가 나 자신의 소중한 인생을 도둑질하는 것이다.

조화(造花)가 되고 싶지는 않다

'인생지사 새옹지마'라는 말도 있고, '거친 파도가 노련한 뱃사공을 만든다'는 말도 있지만, 실제로 불행이 닥칠 때는 아무것도 보이질 않는다. 오직 그 불행에만 매몰되어 있게 된다. 하지만 그래도 우리는 그 말을 믿어야 한다. 불행의 파고에 침몰하지만 않는다면, 그 고난이 나를 더 강인하고 노련한 인생의 항해사로 만든다는 말을 꼭 쥐고 있어야 한다.

《짜라투스트라는 이렇게 말했다》라는 책으로 유명한 19세기 실존주의 철학자 니체는 "나를 죽이지 못하는 것은 나를 더 강하게 만든다"라는 말을 했다. 우리가 그의 철학처럼 초인(超人)이 되지는 못하더라도 삶을 잘 살아가기 위해서는 그의 이러한 격언을 참고할 필요가 있다.

내가 부모님께 감사하게 여기는 것 중의 하나는 어린 시절 자연스럽게 토론 문화를 익힐 수 있도록 해주셨다는 것이다. 1970, 1980년대 한국의 상황에서 아직 민주주의 문화가 꽃피기 힘들었던 엄혹한 시대였기에 더 감사할 따름이다. 어린 나의 의견을 무시하지 않고 들어주셨다. 내 의견에 따라 이런저런 시도를 해보시고, 나에게 결과를 알려주기도 했다. 그런 방식이 자존감을 키우는 데 큰 도움이 되었던 것 같다. 그리고 그 덕분에 어른들이 무섭지 않았고, 내 의견을 말하며 어른들과 대화를 나누는 것이 자연스럽게 느껴졌다. 한때는 도올 선생님이 이런 나를 두고 "어린 녀석이 웃기고 집요하다"고 말한 적도 있다.

나는 20, 30대에 사람들이 나를 여자로 보는 것이 싫었다. 오히려 나는 약한 여자를 돕고 남자들에게도 당당하게 대했기 때문에 터프한 여장부로 보는 사람들이 많았다. 지금은 힘이 많이 빠졌지만 남녀를 떠나 하나의 독립된 인격체로 살고 싶었다. 여자라는 이유로 누군가에게 도움받으며 살기는 싫었다. 당시만 해도 여전히 보수적이었던 한국 문화에서 나는 어쩌면 당돌한 여성으로 보였을 것이다.

내가 업무의 최전선에 있을 때 어쩌면 일부 기득권층들은 내가 그냥 장식용 조화처럼 보이기를 바랐을지도 모른다. 하지만 나는 전문성을 갖추기 위해 누구보다 치열하게 밤잠을 설치면서 노력했다. 언제든 뛰쳐나가야 하는 5분 대기조의 군인처럼 잠자는 순간까지도 경직되고 긴장하며 살았다. 그리고 한 분야만 매몰되지 않고, 다양한 분야를 섭렵해 누구와도 대화가 잘 통하는 교양 있는 사람이 되고 싶었다. 화려하지만 향기가 없는 조화(造花)가 아니라 생생하게 살아서 향기를 내뿜는 사람이고 싶었다.

계속 도전하면 뇌의 회로가 바뀐다

적극적으로 내 인생을 내가 원하는 대로 만들 수 있을 것이라 믿었던 젊은 날의 나에게, 인생의 크고 작은 고난이 닥쳐왔다. 파도가 너무 높아서 포기할 수밖에 없을 것 같은 좌절의 순간도 많았다.

나는 한때 인생에 너무 큰 충격을 받아서 박사학위를 도저히 마무리할 수 없을 것 같았다. 눈 뜨고 살아만 있을 뿐, 글을 봐도 하나도 눈에 들어오지 않았다. 자신이 없다고 주위 사람들과 나 자신에게 몇 번이고 되뇌었다.

그런데 신기한 일이 있었다. 눈에 하나도 들어오지 않던 글이 계속 보고 있으니 조금씩 보이기 시작했다. 수없이 반복해 책을 읽다 보니 어느 순간 글의 내용이 머릿속에 들어오는데 신기한 기분이 들었다. 문과에서 이과로 바뀌다 보니 모든 것이 낯설었다. 그런데 마치 뇌의 회로가 바뀌는 것처럼, 어느 순간 이해가 되기 시작했다. 책을 백 번 읽으면 그 뜻이 저절로 이해

된다는 옛 선현의 말씀, '독서백편의자현(讀書百遍義自見)'이라는 말이 선현들의 허사(虛辭)가 아니었음을 내 삶을 통해 확인하게 되었다.

환경이 사람을 만든다는 이야기가 무슨 말인지 알 것 같았다. 우리가 지속해서 반복적으로 만나는 환경이 나를 형성할 수 있는 것이다. 어떤 사람을 만나느냐에 따라서 내가 사용하는 용어도 달라지고 삶을 대하는 태도도 달라진다.

그리고 해보지 않고, 함부로 할 수 없다고 말하지 말아야 한다는 것도 알게 되었다. 그때부터 창고를 뒤지고 가방, 박스 등을 있는 대로 다 뒤져서 옛날 책들을 꺼내고 다시 공부를 시작했다. 나는 하나님께 기도했다. '이게 제 개인의 영광을 위한 것이라면 멈추게 하시고, 하나님께서 원해서 제가 이 길을 가고 있는 것이라면 저에게 포기하지 않을 용기를 주소서.'

내가 만약 간판을 따기 위해 욕심을 냈더라면 결코 완수하지 못했을 것이다. 비록 이 지면에 다 담지 못할 여러 가지 어려움이 있었지만, 그저 본질에 충실했기 때문에 계속해나갈 수 있었다.

가치 있는 삶의 길

《미움받을 용기》는 전 세계 천만 부의 판매고를 기록할 정도로 독자들의 사랑을 받은 심리학 기반 자기계발서다. 이 책의 주된 이론은 아들러 심리학을 기반으로 하고 있다.

아들러[41]는 대중에게 가장 유명한 프로이트에 반발해 자신만의 독자적인 자아심리학, 개인주의 심리학[42]의 아성을 구축했다. 프로이트는 과도하게 성욕을 기반으로 한 무의식을 강조했기에 후일 그에 반발한 심리학자들이 많이 발생했다. 그중에서도 카를 융과 아들러가 대표적이라고 할 수 있으며, 프로이트 입장에서는 가장 아픈 손가락이라고 할 수 있다.

아들러는 1870년 오스트리아 빈 출생으로, 빈 대학에서 의학을 전공했고 1895년 정신과 의사가 되었다. 1902년 프로이트가 만든 수요심리학회의 후신인, 빈 정신분석학회에서 함께 활동했다. 1912년 프로이트의 성욕 중심의 고압적인 심리학 이론에 반발해 독립했고, 개인 심리학회를 결성했다.

아들러는 개인 행위의 동기가 프로이트가 말한 것처럼 성욕에 의해서만 결정되는 것이 아니라, 열등감의 극복과 우월감의 추구와 같은 사회적인 맥락에서 이해되어야 한다고 주장했다. 그는 프로이트식 과거에 의해 모든 것이 결정되는 결정론[43]적인 사고방식에 반대하며, 현재적인 관점에서의 합리적인 판단과 열정, 사회와의 조화를 중시했다.

아들러의 이러한 관점은 분석심리학의 카를 구스타프 융과는 또 다른 방향으로, 심리학의 새로운 길을 개척했다. 인간이 자신의 운명을 능동적으로 창조하고 개척할 수 있다는 관점을 발전시켰으니, 아들러를 인본주의 심리학의 원조로 보기도 한다.

사실 이러한 결정론적인 사고에 반발한 개인의 운명에 대한 자기결정권은 아들러 자신의 삶 자체에서도 발견된다. 아들러는 빈의 부유한 가정의 둘째 아들로 출생했지만, 어렸을 적부터 병약했고, 형에 대한 질투심 속에서 성장했다. 프로이트가 일찍 아버지를 잃고, 어머니까지 책임져야 한다는 장남의 무거운 책임감 속에서 성장한 것과 매우 대조되는 지점이다.

어렸을 적 동생이 가까이에서 죽는 것을 경험했고, 자신은 다섯 살 때 폐렴에 걸려서 죽음 직전까지 갔다가 살아 돌아왔다. 구루병[44]을 앓으면서 척추에 문제가 생겨 키도 작았고, 늘 건강 문제로 괴로움을 겪었다. 집에서는 구두 수선공을 시키려고 할 정도로 희망이 없는 아이였다. 그러나 그는 끝없는 노력으로 자신의 운명을 개척해 학교에서 우등생으로 성장했고, 의사가 되었으며, 1920년대 중반부터는 미국과 유럽 전역에서 강연하며 유명세를 떨쳤으니, 자신의 삶 자체가 열등감을 극복하는 과정이었다. 그는 세상에 대한 관심과 그 속에서 자신이 참여하고 기여하는 활동으로 정신적인 건강을 얻을 수 있다고 보았다.

아들러는 내담자(來談者)가 열등감을 극복하면서 건전한 목표와 생활방식을 가질 수 있도록 도왔다. 또한, 내담자가 자신의 잘못된 목표와 사고방식을 정면으로 직시할 수 있도록 했고, 낙담에서 빠져나오게 했으며, 부적응자(不適應者)라는 낙인찍기에서 벗어나 강점을 발휘할 수 있도록 도왔다.

여기에는 여러 기법이 동원되었는데, 내담자가 자신이 할 수 없다고 믿는 것을 이미 능력을 갖춘 것처럼 행동하게 하는 방법, 약점보다는 강점과 잠재력에 집중하는 방법, 격려의 방법 등을 통해 능동적인 삶의 자세로 살아갈 수 있도록 전환시켜주는 방법 등이었다. 그리고 여기서 격려는 결과에 대한 단순한 격려나 칭찬이 아니라, 과정과 성장에 주목하고 그것을 칭찬하는 방법이었다.

이러한 아들러의 심리치료 기법은 기존의 결정론적인 방식에서 벗어나 많은 사람들이 현재에 집중할 수 있고, 사회에 건강하게 참여할 수 있도록 만들었다. 사람들은 그의 진취적인 심리학적 성과들로 인해, 인간이 타고난 유전자나 과거의 기억으로 인해 영영 고통만 받는 존재가 그것을 극복하고 가치 있는 삶을 선택하고 영위할 수 있음을 새삼 깨우치게 되었다.

그래도 계속 걸어가야 하리

벼가 익을수록 고개를 숙인다는 말도 알 것 같았다. 박사학위를 받기 전까지는 많은 학생들이 전공 분야의 모든 것을 알고 있다는 오만에 빠지기 쉽다. 하지만 자기만의 것이 없으면 박사 논문을 쓸 수 없다. 완전히 새로운 길을 개척해나가는 과정에서 자기가 부족한 점이 많다는 것을 깨닫기 시작하면서 겸손해진다.

내 삶에서 이룬 빛나는 결실은 그저 주어진 것이 하나도 없다. 심지어 종교적인 사랑도 내가 먼저 다가가 적극적으로 노력해 받았던 것 같다. 세상 속에 치이고 치여서 아무것도 할 것이 없어서 공부를 하게 되었다. 삶의 험난한 과정 속에서 제대로 공부하기 힘든 상황이었는데 포기하지 않고 계속한 것이, 지금 와서 돌이켜보면 그래도 나에게 하나의 새로운 길을 열어주었다. 그리고 그 불행들로 인해 하나님께 조금 더 가까이 다가갈 수 있게 되었다. 나를 찾아온 크나큰 불행들이 역설적으로 나에게 가장 소중한 것들을 가져다준 것이다.

2차 세계대전을 승리로 이끈 영국의 수상 윈스턴 처칠. 우리는 그가 남긴 탁월한 업적만을 생각하지 그가 걸어왔던 고통스러운 삶에 대해서는 생각하지 않는다. 그는 학창 시절 낙제생이었고, 평생 지독한 우울증과 싸워야 했다. 그가 남긴 아름다운 수채화는 우울증과 투쟁해온 결과물이었다. 처칠은 이런 말을 했다. "지옥 속을 걷고 있다면 계속해서 걸어가라."

나의 경험에 비추어볼 때, 물론 다시는 겪고 싶지는 않지만, 지옥 같은 불행의 경험들이 반드시 나쁜 것만은 아니었다. 지금 불행의 한가운데를 걸어가고 있다면, 포기하지 말고 계속 걸어갈 일이다. 그러면 누군가 나의 손을 잡아주는 날도 있을 것이고, 이전에는 결코 만나지 못했던 빛나는 순간을 맞이할 날이 올 수도 있을 것이다.

자연 속의 원예는
몸과 마음의 병을 예방한다

비누나 아로마 등 각종 생활용품 등의 형태로 원예는 점점 더 사람들 곁으로 다가오고 있다. 지치지 않는 삶, 향기 나는 삶을 살기 위해서는 자연을 늘 가까이하고 잘 활용할 필요가 있다. 보완대체의학의 하나로서 치료적 효과가 점차 입증되고 있는 원예치료는 우리 삶에 원예가 얼마나 밀접하게 연관되어가고 있는지를 알 수 있게 한다.

이러한 맥락에서 자연과 함께하는 원예치료가 보완대체의학으로서 갖는 기능성을 잠깐 생각해보자. 현대의학의 치료방식은 대증치료, 즉 증상의 결과를 중심으로 하는 치료가 주를 이룬다. 병의 증상을 보고 거기에 따른 치료를 하는 것이다. 이미 문제가 발생한 것을 해결하는 방식의 치료이며, 소위 소 잃고 외양간 고치는 방식이 될 수밖에 없다. 물론 그것도 굉장히 중요한 치료이기는 하지만 보다 선제적이고 예방적인 치료가

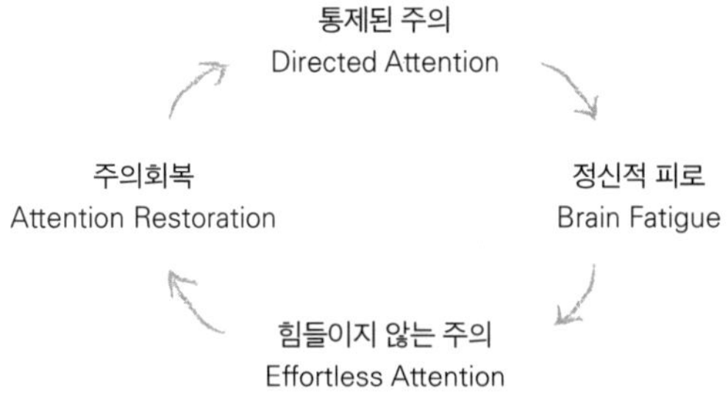

카플란의 정신적 피로 vs. 주의력 회복 과정

중요시되고 있다. 특히 현대사회에서 과도한 경쟁과 피로 속에 사는 현대인들은 육신의 질병뿐 아니라 마음의 병을 치유하기 위하여, 심신이 쉬고 다시 정상으로 돌아가게 하는 '회복환경'을 필요로 한다.

심리학자 카플란(Rachel Kaplan)은 '주의회복이론(Attention Restoration Theory, ART)'에서 자연에서 보내는 시간이 주의를 회복시켜 더 나은 집중력으로 이끈다고 말한다. 사람들은 통제된 주의를 지속적으로 사용하면 짜증이 나고, 산만해지고, 성급해진다. 또 주위 자극을 효과적으로 통제하지 못하므로 업무에 집중하지 못하고, 업무생산성이 저하된다. 이를 '뇌 피로'라고 한다. 카플란은 이렇게 인간의 주의력이 한계에 도달하거나 피로가 누적될 때, 자연환경에서 보내는 시간이 주의력을 회복시켜 정신적 피로를 감소시킬 수 있다고 주장한다.

특히 카플란은 주의를 회복시키는 환경조건을 '회복환경'이라 명하고, 이러한 회복환경의 네 가지 요소로 매혹감(Fascination),

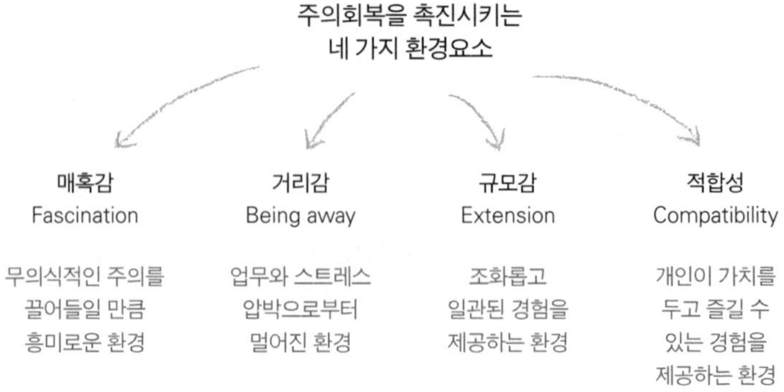

카플란의 회복환경 4요소

거리감(Being away), 규모감(Extension), 적합성(Compatibility)을 제시하였다.

첫째, 회복환경은 인간에게 매력적인 자극(Fascination)을 제공해야 한다. 둘째, 회복환경은 피로를 유발한 업무와 스트레스로부터 멀어져 있어야(Being away) 한다. 셋째, 회복환경은 상호 유기적으로 연결(Extension)된 환경적 특성을 가지고 있어야 한다. 넷째, 회복환경은 개인의 가치나 관심사와 일치(Compatibility)해야 한다. 개인이 가치를 두고 즐길 수 있는 경험을 제공하는 환경이 인간의 주의회복을 촉진하게 된다는 것이다. 즉 일상의 스트레스에서 떨어진 자연 속에서의 휴식이 현대인의 마음을 회복시켜줄 수 있는 것이다.

흙과 녹색식물, 다채로운 꽃들과 함께하는 신체활동은 면역력과 병에 대한 저항력을 길러준다. 또한 생명과의 교감은 정서적인 안정을 준다. 그렇기 때문에 원예치료는 예방치료이면서 재활에도 도움을 주는 치료이다. 녹색식물을 접하고 가꾸는 과정에서 신체적인 면에서 건강을 회복함과 동시에 정신적인 안정감을 느낄 수 있다는 것이니, 평소에 이러한 원예활동을 하게 되면, 심신과 영혼이 모두 건강해지는 경험을 하게 된다. 몸과 마음이 병에 잘 걸리지 않는 근육과 힘을 갖게 되어, 전인적인 면에서 건강한 사람이 될 수 있다. 따라서 원예치료는 예방치료, 재활치료, 전인적 치료의 세 가지 면모를 모두 갖고 있으니, 그러한 면에서 현대의학의 좋은 보완대체의학이 될 수 있다.

의학 Medical	vs.	보완대체의학 Paramedical
인체구조나 기능, 질병 치료와 예방, 건강 유지 방법이나 기술 따위를 연구		정통의학, 주류의학, 제도권의학, 정규의학에 속하지 않는 모든 보건의료체제 및 이와 동반된 이론이나 신념으로, 진료나 치료에 이용되는 행위와 제품 등의 치유지원 전체를 총칭 [대한의학회의]

3부

내면의 정원 가꾸기

세 번째 마지막 파트, '내면의 정원 가꾸기'는 순서상으로는 세 번째 과정이지만, 어떻게 보면 1부와 2부의 뿌리에 해당하는, 보다 근본적인 이야기를 다루고 있다. 1부와 2부를 통해 나 자신을 회복하고, 세상과 어울려 살아가는 이야기를 나눴다면, 3부는 내 안으로 조금 더 깊이 들어가서 항구적인 자신감을 갖고 보다 더 아름답게 살아갈 수 있도록 돕는 내용이다. 역시 전체 4장으로 구성되어 있는데, 9장은 휴식과 여유, 10장은 개성 있고 예술적인 삶, 11장은 내 삶의 주인공이 되는 것, 12장은 있는 그대로 존재하는 것에 관한 이야기다.

삶을 항구적으로 건강하게 유지하기 위해서는 삶의 건강한 리듬과 내면의 힘이 필요하다. 그 핵심적인 내용으로 휴식과 여유, 예술적 개성, 주체성 등을 9장에서 11장까지 각 장별로 다루고 있다. 그리고 끝으로 12장에서 가장 근본이 되는 자신에 대한 무한한 긍정과 믿음의 원천에 대해 이야기하는 것을 이 《마음정원》이라는 책의 마무리로 삼았다.

9장 휴식과 여유라는 삶의 기본

기계도 계속 쓰기만 하면 고장 나는 것처럼, 사람도 충분히 쉬어야 또 다시 걷고 달릴 수 있다. 사회생활을 하고 사람들을 만나다 지치면 언제나 돌아와 쉴 수 있는 마음의 정원을 만들어야 한다. 아무리 작고 사람들의 눈에 보이지 않는 상상의 정원일지라도 나에게는 바다와 같이 넓은 정원이 될 수 있다.

우리가 가계(家計)를 잘 관리하는 방법 중의 하나가 쓰고 남는 돈을 저축하는 것이 아니라, 미리 저축할 돈을 떼어놓고 그 한도 내에서 소비하는 것이듯, 휴식도 일을 하고 나서 남는 시간에 쉬는 것이 아니라 미리 충분히 쉬는 시간을 확보해야 한다. 그렇게 하지 않으면 몸이 과부하되어 목표를 달성하기까지 더 많은 시간이 걸릴 수 있다.

또한, 제비가 인간의 집 처마 밑에서 인간과 어울려 살면서 오히려 안전을 보장받듯이, 진정한 여유와 휴식은 어디 바닷가나 유럽 같은 특정한 장소가 아니라, 일상 속에서도 찾을 수 있는 것이며, 그렇게 할 수 있어야 한다.

강제적인 휴식이 필요하다

현대인들은 끝없는 자극과 관계 속에서 살아간다. 스마트폰 덕분에 그런 경향은 더욱 강화되었다. 나 역시 그렇게 살아왔다. 쉬는 게 무엇인지 몰랐다. 휴식을 배워본 적도 없다. 잘 쉬는 것도 누군가의 도움이 필요한데, 그렇지 못한 환경에서 살았다. 그래서 나는 모두가 그렇게 살고, 당연히 그렇게 바쁘게 살아야 하는 것인 줄로만 알았다.

20대 때는 대낮에 누워있으면 어머니에게 혼이 났다. 어디 젊은 애가 공부를 하든지, 운동을 하든지 해야지 그렇게 누워있느냐는 것이었다. 하지만 밤늦게까지 일을 하던 나는 낮에 자야만 했는데, 그런 사정을 잘 몰랐던 어머니가 잔소리를 하셨던 것이다.

나 역시 어렸을 적에는 그런 철학으로 살아가다 보니 제대로 쉬지도 않고, 몸을 무리하게 썼다. 그리고 그로 인해 당시는 젊어서 몰랐지만 나이가 든 지금은 여기저기 몸의 곳곳에서 문제가 불거지는 듯하다.

비단 어머니뿐만 아니라 대개의 사람들은 누구나 자신의 기준으로 남을 평가하는 경향이 있다. 주말 부부에게 사정도 모르고 '저 부부는 사이가 안 좋은가 봐'라고 뒷말을 하고, 자녀가 없는 가정에는 '저 사람들은 문제가 있다'고 이야기하고, 남자가 프리랜서로 재택근무를 하면 '저 집안은 남자가 논다'고 수근거린다.

그렇게 자기들끼리 이상한 사람으로 만들어놓고 앞에서는 배려하는 척을 하는 것이 인간이다. 그러니 다른 사람의 속사정을 제대로 모르면서 함부로 남을 판단하고 자기 기준에 맞지 않는다고 비판하는 일은 삼가야 한다.

휴식도 마찬가지다. 내가 미국 풀러신학대학원에서 공부하러 가 있을 때 아는 분이 나를 도와주시겠다고 차를 몰고 나오셨다. 스트레스를 풀어준다며 나를 차에 태우고 이곳저곳을 돌아다녔는데, 호의가 고마워서 따라다니기는 했지만 전혀 휴식이 되지를 않았다. 그분은 정신적으로 힘들 때 여행을 다니는 것이 휴식이지만, 나는 집안에서 가만히 있는 것이 휴식이다. 나를 외향적이라고 오해하는 분들이 많으니 그분도 그러셨을 것이라고 생각한다. 어쨌든 우리가 다른 사람을 늘 자기 기준으로 규정짓는 것은 경계해야 할 일이다.

다시 본론으로 돌아와 우리의 삶에서 휴식은 매우 중요하다. 당장 눈앞의 여러 가지 욕심 혹은 의무감 때문에 잘 쉬지 않아서 병에도 걸리고 사건사고도 일으키는 것이다. 지금 몇 시간 더 일하려다가 몇 달 동안 일을 못 하게 될 수도 있다. 그런 문제를 미연에 방지하려면 강제적인 휴식이 필요하다.

삶의 여러 가지 문제들을 잘 해결하기 위해서라도 이런 휴식이 필요하다. 우리가 살아가다 굉장히 어렵고 풀리지 않는 문제를 만났을 때, 답을 찾기 위해 여기저기를 찾아다녀도 어디에서도 답을 찾지 못하면 혼자서 계속 골똘히 생각하느라 더욱 지쳐가는 경우가 있다.

그런데 며칠이 지났더니 문제가 저절로 해결되거나, 한숨 자고 일어났더니 좋은 해결책이 생각나는 경우가 많다. 그 문제를 필사적으로 붙잡고 있는 것이 반드시 가장 좋은 해결 방법은 아니라는 것이다. 피로감과 불안감은 지혜를 흐려지게 만들고, 오판하게 만들기 때문이다. 그런 점에서도 적당한 휴식은 우리 삶에서 필수불가결한 요소다.

쉴 틈이 생기면 쉬어야지 하고 생각해서는 곤란하다. 쉬는 시간을 후순위로 두어서는 안 된다는 말이다. 그러면 그 시간을 확보하기도 어렵거니와 생활 리듬이 잘 갖춰지지 않는다. 휴식은 일만큼이나 우선순위에 있어야 한다.

따라서 휴식하는 시간을 정확히 정해놓고, 규칙적으로 쉬는 것이 좋다. 또한 가급적 쉬는 방법도 일정하고 건전하게 해야 한다. 스마트폰이나 게임에만 너무 빠져 있기보다는 녹색식물을 보면서 눈의 피로를 풀어주고, 가까운 산이나 공원에서 계곡물을 바라보면서 피톤치드(phytoncide)[45]와 맑은 공기를 향유하는 것이 좋다. 흙 냄새를 맡고 흙을 밟는 것도 심신의 건강을 고양시키는 데 더할 나위 없이 좋은 방법이다.

현재에 머무르는 즐거움

예전에는 몸이 아프면 그냥 참고 하던 일을 계속했다. 돌이켜보면 좋은 방법은 아니었다. 지금은 병원을 다녀와서 푹 쉰다. 그리고 나를 위해 정기적으로 운동을 한다. 내 몸이 하는 소리를 들으면서 순리대로 살려고 한다. 물론 여러 가지 환경적인 요인으로 쉽지 않을 때도 있지만 크든 작든 주어진 것을 누리면서 살아야지라고 자주 되새긴다. 책을 읽거나 영화를 보는 것과 같은 단순한 일상을 즐기려고 한다. 사람들은 이런 나를 답답하다고 할지 모르겠지만 나는 감사하다. 현재에 머물러 있는 순간이 행복하다. 과거에는 잘 몰랐던 행복이다.

또한 과거에는 나의 감정과 몸이 하는 소리를 무시하면서 살았다면, 이런 표현이 적당할지 모르겠지만, 이제 일일이 친절하게 반응한다. 그리고 그렇게 할 수 있다는 것이 정말 감사하다.

예전에는 어떤 행사나 모임이 있으면, 누구누구 참여하고 식순(式順)은 어떻게 되고, 주제는 무엇이고, 어떻게 만나서 무슨 일을 하고, 어떻게 헤어지고 이런 것들을 머릿속에 시나리오로 많이 그렸다. 그런데 지금은 별다른 생각 없이 모임에 나간다. 심지어 내가 아는 지인이 하나도 없는 곳에도 동네 마실 갔다 오듯이 편안하게 다녀온다.

그리고 모임에서 누가 뭐라고 하지 않아도 내가 할 수 있는 일들을 한다. 물건을 옮기고 음식을 나르고 바닥을 쓸고 닦는다. 그러다가 지치면 문 앞에 있는 작은 나무 의자에 앉아서 눈을 살며시 감고 햇볕을 쬐인다.

때로는 수군거리는 소리가 들리기도 한다. 나를 잘 모르는 사람들이다 보니 저 혼자 준비하느라 짜증 났나 보다 어쩌고저쩌고 하는 뒷공론이 원치 않아도 들릴 때가 있다. 그래도 아무렇지 않다. 감정적으로 동요하거나 오해를 풀어야겠다는 생각도 들지 않는다. 혹은 그런 감정이 일어나더라도 이내 가라앉는다. 그러면서 현재 나에게 일어나는 일들을 있는 그대로 볼 수 있게 되었다. 그럴 때면 함께 있으면서도 한발 물러나 있는 것 같은 느낌이 든다. 애써 눈치 보지 않고, 애써 분위기 맞추려고 하지 않고, 같이 있지만 나로 존재하는 느낌, 그런 여유를 즐길 수 있는 나이가 되었다는 것이 정말 좋다.

성경이나 심리학에서도 많이 다루는 주제들이다. 하지만 이론으로만 알고 자기 것으로 체화하는 것은 쉽지 않다. 비단 나처럼 나이가 들어서 깨닫기보다는 많은 젊은 독자들도 규칙적인 휴식과 명상, 기도 등을 통해 이런 현재에 머무르는 여유로움을 찾을 수 있기를 바란다.

지금 여기에 존재하기

현재에 머무를 것을 강조한 대표적 심리치료 요법으로 게슈탈트 심리학[46] 요법이 있다. 게슈탈트 심리치료는 1960, 1970년대 특히 미국에서 선풍적인 인기를 끌었던 치료 기법으로, 이 치료법을 만든 사람은 프리츠 펄스[47]와 그의 아내 로라 펄스이다.

이 치료법은 당시 인간을 자극에 반응하는 기계처럼 보던 행동주의 심리학파[48]의 사조에 반발해서 일어났으며, 현상학[49], 실존주의 철학[50], 사이코 드라마[51] 기법 등의 영향을 받았다.

게슈탈트(Gestalt)는 통일된 형태를 의미한다. 인간에게는 불균형을 복원해 균형적이고 통일된 형태를 회복하려는 경향이 있다는 것으로, 베르트하이머[52] 등 형태주의 학파[53]의 과학적인 실험에 근거하고 있다.

현상학에서 영향을 받은 게슈탈트 치료법은 기존의 심리학이 정신분석학의, 과거에 의해 결정되는 현재나, 자극에 대한 기계적인 반응으로서의 대상적인 인간이 아니라, 지금 여기에서 생동하는 인간을 주목한다. 또한 구조주의 심리학자[54]인 빌헬름 분트[55]는 인간을 기계처럼 부품에 해당하는 요소의 결합으로 바라본 반면, 행태주의 학자들은 전체는 단순한 요소의 합 이상의 것으로 보았다. 인간이 자신의 능동적 자각(自覺)에 의해 창조적으로 형태를 조직화해낼 수 있다고 보았으니, 인간을 과거 심리학의 수동적인 대상을 넘어 생동적(生動的)인 존재로 본 것이다.

이후 거울 뉴런[56]의 발견 등 다양한 학문적 성과들은 게슈탈트 심리학의 입장이 옳다는 것을 밝혀주었다. 게슈탈트 심리치료는 소극적이고 불안정한 사람들에게 큰 치료효과를 보였고, 성격장애 환자, 조현병 환자 등에게서 치료 효과를 입증받았다. 집단 치료에도 적절하며, 치료 이후 수년간 예후(豫後)도 상당히 좋은 것으로 평가를 받으며, 현대에도 광범위하게 활용되고 있다.

게슈탈트 심리학은 '지금 여기'에 초점을 맞춰서 변화를 일으킨다. 과거나 미래 역시 현재를 기준으로 통합되고 해석된다. 지금 여기를 올바로 알아차림으로써 해결되지 못한 문제를 해결하고 행동의 변화를 이끌어낼 수 있다고 간주한다.

또한 장(field)이라는 독특한 개념을 사용하는데, 인간의 심리를 고립된 개인으로서 파악할 수 없다는 것이다. 우리는 우리를 둘러싼 세계 즉 장내에서만 존재할 수 있기 때문에 장의 모든 요소, 현재 내담자의 현재를 둘러싸고 일어나는 모든 현상들(지금 여기에서의 욕구, 감정, 신체 상태, 분위기, 조명의 밝기 등등)을 고려해 치료해야 한다고 주장했다. 그렇기 때문에 게슈탈트 심리치료는 관계와 대화를 중시하는 치료법이기도 하다.

기본적으로 게슈탈트의 가장 큰 차별점은 실존주의 철학에서 강조하는 것같이, 현존(現存)[57], 생동하는 지금 여기에 있다. 지금 여기 자신의 행동을 올바로 자각하고 실천하며, 현재를 온전하게 체험하는 것을 중시하며, 자신의 솔직한 모습을 직면함으로써 현실을 기반으로 해서 성장할 수 있도록 돕는 게슈탈트 심리치료법은 신체장애나 우울증, 강박증, 성격 장애를 가진 사람에게 많은 효과를 보였다. 현재, 지금 여기에 존재하는 것이 인간의 정신을 건강하게 만든다는 것을 게슈탈트 치료법이 확고한 효과로 입증해 보인 것이다.

삶이라는 문제에는 정답이 없다

살아갈수록 삶이라는 것이 어렵다는 생각이 든다. 삶을 그런 관점으로 볼 수 있는 이유는 확고한 정답이 없기 때문이다. 많은 현인들이 배움이 깊고 세상을 깊이 알아갈수록 삶이 이런 것이다라고 답을 내리지 못한 이유를 이제 조금은 알 수 있을 것 같다.

어렸을 적 여러 가지 문제로 상담을 받고 나서 답답했던 것이 그런 문제였다. 대학 교수님, 전문가들, 친척 어르신 등등, 각 분야에서 일가(一家)를 이루신 분들이지만, 내가 인생의 근본적인 문제들을 여쭤보았을 때 속 시원하게 답해주는 분이 없었다. 그분들이 쉽게 답을 내려주지 못했던 것은 인생은 수학 공식처럼 정답이 있는 것이 아니기 때문이다. 인생이라는 것이 모범답안이 있어서 그렇게만 살 수 있다면 얼마나 좋을까만은, 현실은 그렇지 않다. 우리는 모두 정답도 오답도 아닌 미지의 길을 걸어가는 존재다.

나는 어렸을 적 아버지가 나의 문제에 대해 냉정하게 답변해주는 것이 싫었다. 내 편을 들어주었으면 좋겠는데, 마치 남처럼 객관적인 관점에서 답을 주셨다. 장단점이 있겠지만 아버지의 감정이 느껴지지 않아 서운했던 것이 사실이다. 경제적인 문제나 일과 관련해서도 자립적인 부분을 많이 강조했다. 물론 당연한 일이고 나에게 도움이 되라고 말씀하신 것이지만, 모든 면을 너무 사무적으로 말씀하셔서 어린 나이에는 상처가 되었다.

그러다 아버지 연세가 70이 넘고 나도 40대가 되어서 함께 여행을 떠난 적이 있었다. 밤새 별빛을 바라보며 모닥불 앞에서 아버지가 살아온 이야기를 들었다. 왜 그렇게 자식들에게 냉철하게 말씀하셨는지, 제3자를 대하듯이 하셨는지에 대한 사연도 함께 들을 수 있었다. 나는 그날 새벽 혼자 방으로 돌아와 고개를 파묻고 생각했다. '조금만 더 일찍 말씀해주시지….'

하지만 그것은 내 욕심이다. 보수적인 것을 넘어 때로는 폭력적이기까지 한 당대를 살았던 아버지들에 비하면 그래도 당신은 훨씬 좋은 분이었다. 그리고 늦게라도 이렇게 말해주는 것이 얼마나 감사한 일인가? 어린 나는 그런 과정을 거치며 감정적으로 힘들었던 반면 자립심도 많이 길러지긴 했다.

얻는 것이 있으면 잃는 것이 있는 법이고 인생은 우리가 원하는 대로만 흘러가지 않는다. 인생은 정답이 없고 사람도 마찬가지다. 나는 사람을 규정짓고, 유형화하는 것을 썩 선호하지 않는다. 오히려 기계적으로 정형화하는 것이 가장 위험하다고 생각한다. 자기 자신에 대해서도 마찬가지다.

원예치료를 공부하다 보면 이런 유형화에 대해 많이 공부하게 된다. 그런데 이것은 심리학이든 의학이든 철학이든 경제학이든 마찬가지다. 계량화하고 유형화시키는 것은 학문을 정립하는 데 빼놓을 수 없는 요소다. 그것은 학문의 기본이다. 하지만 그것을 전부라고 생각해서는 곤란하다. 그것은 참고자료일 뿐이다. 항상 예외는 있다. 특히나 삶과 사람은 예외투성이다. 그러므로 세상과 사람을 도식적(圖式的)으로가 아니라 늘 깨어 있는 눈으로 바라봐야 한다.

인생은 언제나 ing

인생이 녹록하기만 하다면 자신을 점검해볼 필요가 있다. 어느 정도 어려움이 따르는 것이 인생인데, 모든 것이 너무 쉽게 잘 풀려간다면, 오히려 문제가 감춰져 있을 가능성이 높다. 마치 영화 〈트루먼 쇼〉처럼 말이다. 모든 것이 연출되고 포장된 삶은 위험하다. 오히려 근본적인 문제가 내재해 있을 가능성이 높다.

우리 삶에는 늘 불편한 진실이 따른다. 진실을 겸허히 받아들일 수 있어야 하나, 너무 겸손하거나 참기만 하는 것도 건강하지 않다.

여러 해 동안 해외 선교단체에 몸담았을 때의 일이다. 나는 당시 선교단체의 행정을 지원하며 생활했다. 그러던 어느 날 행정실에 혼자 앉아 있는데 외국인 소녀 하나가 들어왔다. 그 소녀는 가만히 앉아 있었는데, 왜 그랬는지 마음 깊은 곳에서 그 소녀에게 가서 기도를 해주라는 음성이 들려왔다. 어색하고 불편했지만 그 목소리에 순종할 수밖에 없었다. 다가가 영어로 한

참을 기도해주자, 소녀는 자신이 하나님을 만나러 온 줄 어떻게 알았느냐고 물었다. 내가 들은 음성에 대해 이야기해주니 소녀는 고개를 갸우뚱하면서 한편으로는 고맙다는 표정을 지었다. 그렇게 그 소녀와의 인연이 시작되었다. 이렇게 아름답게 출발했지만 인생은 동화가 아니다.

그 아이는 선교단체에 함께 있는 동안 나를 무척이나 고통스럽게 했다. 나를 직접적으로 괴롭힌 사례를 일일이 열거하기는 어렵지만, 가볍게는 문을 부서질 듯이 닫고 다니고, 입에 욕을 달고 지냈다. 나는 그 소녀가 무서웠다.

선교단체를 떠날 때는, 그러한 여러 가지 힘들었던 기억 탓인지 아쉬운 한편으로 해방감도 없지 않았다. 그런데 또 마음 한구석에서 음성이 들려왔다. 떠나기 전에 그 아이와 같이 식사를 하라는 것이었다. 나는 또 그 말을 거역하기가 힘들어서 도망치듯 떠나고 싶은 마음을 억누르고, 그 아이에게 연락해 같이 밥을 먹었다.

밥을 먹는데 체할 것만 같았다. 소녀는 물었다. "선생님, 선생님은 내가 그렇게 못되게 굴었는데 왜 나랑 밥을 먹어요?" 나는 또 하나님에게 들은 음성에 대해 이야기해주었다. 그리고 내 감정도 숨김없이 말했다. "나 정말 불편하고 힘들어. 솔직히 네가 너무 무서워. 그런데 하나님이 시키니까 하는 거야."

식사가 끝나고 자리에서 일어날 즈음 소녀는 내 손을 붙잡고 사정하듯이 말했다. "나도 그 하나님 만나고 싶어요. 도와주세요." 그 말을 듣고 나는 약간 주춤하는 기분이 되었다. 예전

같았으면 누군가 나 좀 도와달라는 말에 생각할 것도 없이 "응, 그래"라고 답했을 것이다. 하지만 삶에서 무너지는 경험들을 해 본 나는 모든 사안에 쉽게 답할 수 없었다. 나는 예전과 다른 답을 했다. "솔직히 나도 나를 못 믿겠다. 나 때문에 너까지 무너질 필요는 없으니까 나만 믿지 마. 우리 같이 노력하자. 나도 참는 게 이력이 나 있으니까. 우리 함께 노력하자." 그리고 언제 시간이 되면 한국에 오라고 이야기했다.

소녀는 이후로 힘든 일이 있을 때 한 번씩 국제통화로 나와 이야기를 나누면서 문제를 해결해나갔다. 한국에 와서 나에게 연락해 같이 만나기도 했다. 그리고 지금은 남편을 만나 결혼하고 아이도 낳고 살면서 언니 생각이 난다며 나에게 종종 전화를 했다. 좋은 일이 있을 때도 생각나고 힘든 일이 있을 때도 생각난다고 했다. 그 당시 나를 너무 괴롭혀서 미안하다는 이야기도 했는데, 당시 자신이 우울증에 거식증(拒食症)[58]을 앓고 있었다는 이야기도 들려주었다. 그리고 그때 자기를 받아줘서 너무 고맙다는 이야기를 했다. 전화를 끊으면서 또 언니가 오든 내가 가든 다시 한번 만나자고 했다. 그 아이는 그렇게 내 삶의 첫 번째 열매가 되어주었다.

우리는 살면서 불편한 진실을 받아들일 수 있어야 한다. 아름답게 시작했다고 과정 모두가 아름다운 것은 아니다. 좋은 사람도 나쁜 점이 있고, 나쁜 사람도 뜯어보면 좋은 면이 숨어 있다. 그리고 사람이 항상 일정하기만 한 것도 아니다. 그러므로 편견에 사로잡히기 쉬운 자아가 아니라 진리 안에서 깨어 있어야 한다. 진리의 음성에 순종할 수 있어야 한다. 삶이 너무 힘들기만 해도 삶이 너무 쉽게만 풀려나가도 균형을 잃은 것이니, 잠시 걸음을 멈추고 자신을 점검해볼 필요가 있다. 그렇게 사실을 왜곡하지 말고 있는 그대로 보고, 주어진 진실을 기꺼이 감수하면서 그래도 가진 것에 감사하면서 나아가야 하는 것이 인생이다. 그 소녀에 대해서도 섣불리 어떤 결론을 내렸다면, 그리고 솔직하지 않은 모범답안을 제시했다면 우리의 관계에서 이런 열매를 맺기는 어려웠을 것이다.

나는 어렸을 적에는 싫은 게 없는 아이였다. 그렇게 훈련받았기 때문이다. 어른들 말에 순종하고, 화내지 않고, 세상의 좋은 면만 보았다. 어떻게 보면 나 역시 인생을 유형화해서 본 셈이다. 그런데 세월이 흐르고 인생의 여러 우여곡절을 겪고 나니 나는 싫은 것도 많고, 불편한 것도 많은 사람이었다. 그리고 그것은 나쁜 것이 아니었다. 그냥 그것이 나였다. 억눌러 진실을 외면하고 왜곡하는 것보다는 훨씬 건강했다.

선입견과 정답을 가지고 바라보지 말고 존재하는 과정 자체를, 있는 그대로 보는 것이 중요하다. 모든 상황에서 깨어 있고, 건강하게 판단하는 것은 누군가가 대신해줄 수 없다. 언제나 지금 나의 몫이다. 그렇게 결론 없이 진솔한 모습으로 성장해나가는 과정이 인생이다. 삶은 이렇게 정답이 없고, 결론이 아니라 끝없는 과정이기 때문에 인생은 언제나 현재 진행형이다. 우리가 인생을 특정한 목적을 향해 달려가는 열차가 아니라 언제나 진행형인 과정으로 바라볼 수 있다면, 인생의 각 과정들을 조금 더 천천히 걸어가면서 여유 있는 삶을 영위할 수 있을 것이다.

원예치료에서 치료정원으로 휴식과 여유를

우리가 지금 여기에 건강하게 머무르기 위해서는 우리를 언제든 치유할 수 있는 치료적 목적의 정원과 함께할 필요가 있다. 원예치료가 발전하면서 대두된 개념인 '치료정원'이란 무엇일까? 그전에 먼저 정원(庭園)이라는 말부터 살펴보자.

정원의 정(庭)은 마당 혹은 뜰이라는 말이고, 원(園)은 동산이라는 말이다. 그러니 정원은 식물이 있는 마당이나 동산을 의미하는 것이다. 물론 원예라는 의미에 울타리라는 의미를 포함하고 있는 것처럼, 정원은 자연 상태의 동산보다는 인공적인 울타리가 있는 뜰과 동산을 의미한다. 즉 정원은 식물, 돌, 흙 등을 포함한 자연과, 울타리를 비롯한 인간이 만들어낸 다양한 인공 조형물이 함께 조화된 공간이다. 과거에는 식료품을 얻기 위한 수단으로만 활용되었으나, 문명이 발전하면서 정서적, 미적, 예술적인 이유로 정원을 가꾸게 되었다.

미국원예치료협회는 2000년대 중반에 원예치료의 개념에

영혼의 치유 개념을 포함했듯이, 전반적으로 그 의미를 확장해 나갔는데, 그 일환으로 원예치료에 치료정원을 포함시켰다.

치료정원이라고 하는 것은, 물론 정원의 실용적이고 특수한 기능적인 측면을 강조한 것이다. 그리고 그것은 사람이 식물을 재배하고, 응시하고, 가꿔나가는 과정을 통해 자신의 질환을 치유하는 정원의 탄생을 의미한다. 즉 기존의 정원이 각종 수확물을 얻거나, 단순히 감각적인 만족을 얻는 것만을 고려했다면, 치료정원은 인간의 신체와 정신, 영혼을 치유하는 데 초점을 맞춘 정원인 것이다. 이러한 치료정원의 탄생은 정원과 원예의 치유 효과가 오랜 역사를 통해 입증되고, 현대에 그 결실이 더욱 부각되었기에 가능한 일이었다. 점점 더 많은 사람들이 자신에게 주어진 현재를 더 건강하게 살게 하는, 휴식과 여유를 찾기 위해 집집마다 이러한 치료 목적의 정원을 가꾸는 일이 더욱 발전되며 확장되고 있다.

10장
개성 있고 예술적인 마음정원을 위하여

마음에 아름다운 정원이 있으면 삶을 예술로 만들 수 있다. 독특하고 고유한 향기를 풍기는 마음정원은 삶을 창의적이고 아름답게 만든다. 어떻게 하면 창의적이고 개성 있는 나만의 정원을 만들 수 있을까?

먼저 마음에 있는 여러 가지 감옥 같은 창살들을 제거해야 한다. 콤플렉스와 트라우마 같은 각종 어두운 기억들, 그러한 마음의 창살들이 많은 삶은 인생을 수형(受刑)생활처럼 어둡게 만들 수 있다. 그러하니 예술적인 삶을 만들기 위해서는 내 마음이, 기존에 드리워진 어두운 그림자에서 벗어나, 다양한 색깔을 모두 품을 수 있는 하얀 도화지가 될 수 있어야 한다. 다음으로, 내가 하루하루 만나는 삶과 존재들을 깊이 있게 들여다보는 인내심이 필요하다. 얼핏 보아서는 알 수 없는, 진득이 오랫동안 보아야 느낄 수 있는 깊이 있는 아름다움이 있기 때문이다. 끝으로, 그렇게 하려면 인생을 일희일비하지 않고, 장기적인 관점에서 일상을 즐기며 한 걸음씩 나아가야 한다. 이번 장에는 이렇게 마음정원을 개성적이고 예술적으로 가꾸는 방법에 대해 살펴볼 것이다.

마음의 감옥에서 탈출하기

우리가 향기가 나는 정원으로 나오기 위해서는 먼저 자신을 가두고 있는 캄캄한 방에서 탈출해야 한다. 커튼을 걷어 젖힐 용기와 문을 박차고 나올 실행력이 필요하다.

말하자면 우리 스스로를 가두고 있는 마음의 감옥을 탈출하는 것인데, 그렇게 하기 위해서는 우선적으로, 세상의 여러 이론들을 도그마(dogma)[59]로 오용하지 말고 하나의 지침이나 정보로 활용해야 한다.

달리는 버스에서 뛰어내리는 것은 금지되어 있는 일이지만, 버스가 불타고 있다면, 창문을 깨고 뛰쳐나와야 한다. 그런 상황에서 버스 창문을 깨는 것은 위법이라고 생각해 그대로 앉아 있는 것은 어리석은 일이다. 세상에서 배운 지식들을 상황에 맞게 잘 적용해 살아가면 도움이 되지만, 그것을 절대불변의 도그마로 여기고 나와 남을 재단하는 것은 사람을 죽일 수도 있는 일이다.

1950년대 미국을 휩쓸었던 매카시즘(McCarthyism)[60]은 미국 공화당 상원의원 매카시[61]에 의해 시작되었는데, 미국 정부 내에 숨어 있는 공산주의자를 축출해야 한다는 주장에서 출발했다. 이 매카시즘 열풍은 공산주의자 색출(索出)이라는 미명하에 많은 무고한 지식인들을 탄압했다.

언론 플레이에 뛰어났던 매카시는 자신의 정치적 어려움을 타개하기 위해 당시 시대적 분위기에 편승해 이런 일을 벌였고, 나중에는 국방부의 육군까지 건드리기 시작하면서 역공을 받게 되었다. 1954년 매카시가 치안 분과 위원장직에서 해임될 때까지 많은 정치적 지도자와 지식인들은 입을 닫고 불안에 떨어야 했다.

정반대의 경우인, 1960년대 중반부터 1970년대 중반까지 중국을 휩쓸었던 문화대혁명[62]도 마찬가지다. 마오쩌둥[63]이 자신의 정치권력을 강화하기 위해 주도한 이 극좌 사회주의 운동은 중국의 모든 자유주의 문화를 말살했다. 이 운동으로 3백만 명의 당원이 숙청되었고, 3천만~5천만 명에 달하는 중국 인민들이 아사했으며, 중국 경제는 엉망이 되었다. 역사가들은 이를 두고 중국 문화를 몇백 년이나 후퇴시켰다는 평가를 하기도 했다.

이렇게 도그마는 위험한 것이고, 권력자들에 의해 이용당하기 쉬운 속성이 있다. 아무리 좋은 사상과 이론이라고 할지라도 그것이 이렇게 교조적(敎條的)으로 되면 곤란하다.

성경의 레위기[64]에는 인간이 지켜야 할 율법이 나와 있는데,

그것을 내가 삶을 살아가는 가이드라인으로 삼는다면 유용하게 활용할 수 있지만, 정죄(定罪)의 수단으로 삼으면 사람을 죽일 수도 있다.

모든 이론과 법규는 융통성 있게 활용해야 한다. 언론에서 화제가 된 미국의 프랭크 카프리오 판사는 법적인 판단을 내리는 데 있어서 모든 사람에게 일률적으로 적용하는 것이 아니라, 그 사람의 나이, 성별, 상황 등을 종합적으로 고려해 판결을 내린다. 중죄라면 모르겠지만, 교통법규를 어겨서 온 사람이 있으면 왜 어겼냐고 물어보고 이렇게 저렇게 해서 어겼다고 하면 너는 어떻게 처리했으면 좋겠냐고 물어본다. 한 소년에게 판결을 내리는 데 가족들의 의견을 물어보기도 한다. 상황이나 태도 등을 보면서 유연성 있게 적용하는 것이다.

우리가 어떤 사안을 볼 때 도그마로 판단하는 것은 편리한 일일 수 있다. 하지만 너무나 많은 희생자를 발생시킬 수 있다. 그리고 오랫동안 우리 자신을 감옥 같은 곳에 가둘 수도 있다.

삶은 이론이 아니다. 이론으로 남과 자신을 정죄하지 말고, 자연처럼 살아서 움직이고 변화하는 생명력 있는 삶을 그 차체로 볼 수 있어야 한다. 나 자신에게 일어난 일에 대해서도 그것을 옳다 그르다 가치판단을 내리지 말고, 있는 그대로 사실 그대로 볼 수 있어야 한다. 그리고 거기에서부터 출발해야 한다. 남이 만들어놓은 혹은 내가 만든 도그마로 그 일을 시비의 영역으로 몰아가고, 존재하지 않는 것처럼 덮어두거나, 존재하지 말아야 할 것처럼 목을 졸라서는 안 된다.

'위대한 영혼'이라는 뜻의 별칭을 가진, 20세기 인도의 성자 마하트마 간디[65]는 "한 사람에게 일어난 일은 만인에게 가능하다"라고 했다. 나에게 끔찍한 일이 벌어지지 않았다면, 그것으로 감사해야 하고 여력이 있다면 그런 일을 겪은 사람을 도와야 할 것이고, 벌어졌다면 그것은 만인에게 가능한 것이니 자신에게도 용납할 수 있어야 한다. 마음으로부터 용납하면 그때부터 길을 찾아나갈 수 있다.

하얀 꽃을 좋아하는 이유

자연이 주는 치료 효과는 엄청나다. 〈걱정 말아요, 그대〉 등 많은 아름다운 노래로 우리에게 깊은 감동을 주는 가수 전인권은 젊었을 때 마약 사범으로 구속된 적이 있었다. 그가 몇 년 전 한 라디오 프로그램에서 마약처럼 중독성이 강한 것을 어떻게 끊을 수 있었는지 질문을 받았을 때 그는 그 비결로 등산을 이야기했다. 산이 주는 청정한 에너지의 힘으로 중독에서 벗어날 수 있었다는 것이다.

산에 가면 도심에서 인위적으로 조성하지 않은 자연스러운 꽃들을 보는 즐거움이 있다. 도심이나 공원에서 만나는 꽃들은 대체로 화려한 색감을 가진 것들이 많다. 물론 그러한 꽃들도 나름의 매력을 지니고 있지만, 나는 산이나 들에서 피어난 수수한 이름 모를 꽃들을 더 좋아한다. 누군가 나에게 어떤 색깔의 꽃을 좋아하느냐고 해서, 평소에 생각해보지 않았던 터라 잠깐 생각에 잠겼었다. 나는 크게 가리지 않는 편이지만, 굳이 하나를 선택하라고 하면 하얀 꽃을 좋아하는 편이다.

백합, 하얀 수국, 하얀 들꽃들을 좋아하는 편이다. 하얗고 여리여리한 꽃들을 보면 편안한 느낌이 든다. 혼자 튀는 꽃보다는 여러 꽃들 속에 묻혀서 어우러지는 것이 좋다. 하얀 꽃이 왜 좋을까? 그냥 직감적으로 좋은 것일 수도 있겠지만 굳이 이유를 찾아보면 어떤 색깔의 꽃들과도 잘 어울리기 때문이라는 생각이 든다.

어떤 사람이 모임에 나올 때 콜라만 먹는다고 해서 그 사람이 평생 콜라만 먹는 것은 아닐 것이다. 다음에는 사이다를 먹을 수도 있고, 이온음료를 먹을 수도 있다. 어떤 사람이 단 음식을 안 좋아한다고 해서 평생 단 음식을 안 먹는 것은 아니다. 나이가 들면 수정과나 초콜릿 같은 것을 챙겨 먹을 수도 있다.

우리는 시시때때로 각기 다른 색깔로 바뀔 수 있다. 따라서 자신을 포함해 사람을 함부로 규정짓지 말아야 한다. 하얀 꽃이 다른 화려한 꽃을 받쳐주듯이 언제든 백지 같은 마음으로 돌아갈 수 있다면 자기 자신도 남도 잘 품을 수가 있다. 자신의 인생에서 그리고 싶은 그림을 마음껏 그리고 싶다면 하얀 도화지 같은 마음을 잊지 말아야 한다.

잘못된 신념에서 벗어나기

우리가 하얀 도화지 같은 마음으로 돌아가려면 마음의 창살 같은 잘못된 신념에서 벗어나야 한다. 심리학자 아론 벡[66]은 살아가면서 우리가 가질 수 있는 잘못된 신념에 대해 오랜 연구를 통해 분명하게 정리했다. 아론 벡은 우울과 불안에 관한 연구로 숱한 공로상을 받았고, 십여 권의 책과 수백 편의 논문을 저술한 인지심리학 분야의 거두다.

아론 벡은 인간이 무의식에 지배받기보다는 자신의 경험을 바탕으로 주체적으로 판단할 수 있는 존재라는 신념을 바탕으로, 치료법을 개발했다. 그의 인지치료는 개인의 의식적인 경험을 중요하게 생각했으며, 인간이 합리적이고 이성적인 사고를 되찾을 때 정신적인 장애에서 벗어나 주어진 환경에 잘 적응할 수 있다고 보았다. 따라서 그의 인지치료는 비논리적이고, 비이성적인 신념을 제거하는 것이 주된 목표였다.

아론 벡은 1921년 미국의 로드아일랜드에서 러시아계 미국 이민자의 아들로 출생했다. 그는 어린 나이에 누이의 죽음을 겪었으며, 팔이 부러진 것으로 염증이 생겨 일생을 고통받았다. 형의 장난으로 질식 공포에 시달렸고, 수술실에서 따로 수술을 받았던 경험으로 불안증세에도 시달렸다. 이런 정신적인 문제와 신체적인 질환으로 유급을 당하고, 심한 열등감에 시달렸다. 하지만 아론 벡은 아들러처럼 열등감을 극복하기 위해 열심히 공부하고 오히려 초등학교를 조기졸업하는 성과를 거두며, 우등생으로 거듭났다. 그리고 어린 시절에 겪었던 심신의 고통은 평생 그가 부정적인 사고방식을 가진 사람을 치료하는 밑거름이 되어주었다.

1946년 예일대 의과대학에서 박사학위를 받았고, 1954년 펜실베이니아 대학의 정신과 교수로 임용되었다. 펜실베이니아 대학에서 인지치료연구소를 설립해 일생을 강의와 연구에 전념했으며, 혁혁한 연구성과를 남길 수 있었다.

아론 벡은 많은 사람들이 가진 경직된 신념이 불안과 우울증 등의 정신적인 고통에 빠뜨린다고 주장했다. 이러한 완벽주의적이고 고집스러운 신념을, 역기능적인 신념[67]이라고 명명했는데, 이는 크게 두 가지로 구성되어 있다.

하나는 핵심 신념으로, 어린 시절의 커뮤니케이션과 경험들에 의해 형성되는 근본적인 것이며, 잠재의식에 숨어 있어서 잘 알기 어렵다. 핵심 신념은 자신의 틀에 맞는 것만 수용하고 그렇지 않은 정보는 걸러내는데, 핵심 신념은 잘못된 사고의 틀임에도 불구하고 나이가 들수록 점차 더 강화되는 경향을 보인다.

중간적 신념은 핵심 신념을 바탕으로 해서 구체화된 생각들이다. 중간적 신념 역시 평소에는 자신이 그런 생각을 한다는 것조차 잘 의식되지 않는다. 자신에게는 너무 자연스럽기 때문이다. 예를 들면, '결혼은 30대에는 무조건 해야 한다', '직장생활을 하지 않으면 인생의 낙오자가 된다', 혹은 '나는 평생 가난하게 살 것이다'와 같은 것들이다.

이러한 역기능적인 신념은 일상의 모든 사건에 적용되어 개인을 불행에 빠뜨린다. 따라서 내 안에 이러한 역기능적 신념이 있는지 스스로를 잘 점검하고 건강한 정신으로 거듭나야 한다. 자기 자신에게 질문을 던지고, 냉철한 자기 관찰을 통해 자신이 어떤 신념들을 갖고 살아가는지 테이블 위에 끄집어놓고 점검해보아야 한다. 그리고 자기 관리와 건전한 사고로의 대체를 통해 부정적인 신념에서 벗어나도록 꾸준히 노력해야 한다. 이러한 자각과 노력이 없다면 우리는 그릇된 신념의 창살에 갇혀서 평생 수인(囚人)처럼 살아가고 말 것이다.

예술적인 삶을 위한 도전

예술가가 되지는 못해도 예술적인 삶을 살 수는 있다. 어쩌면 직업으로서의 예술가보다 삶의 예술가가 되는 것이 더 행복하고 만족스러운 인생일 수도 있다.

나는 서정주 시인의 〈국화 옆에서〉라는 시를 좋아한다. "한 송이 국화꽃을 피우기 위해 봄부터 소쩍새는 그렇게 울었나 보다 / 한 송이 국화꽃을 피우기 위해 천둥은 먹구름 속에서 또 그렇게 울었나 보다 / 그립고 아쉬움에 가슴 조이던 머언 먼 젊음의 뒤안길에서 인제는 돌아와 거울 앞에 선 내 누님같이 생긴 꽃이여 / 노오란 네 꽃잎이 피려고 간밤엔 무서리가 저리 내리고 내게는 잠도 오지 않았나 보다"

한 송이 꽃을 피우는 데도 이렇게 다사다난한 삶이 필요한데 인간의 삶은 어떻겠는가? 내 누님의 지금 얼굴이 만들어지기까지는 결코 간단하지만은 않은 세월이 있었던 것이다. 나는 요즘 내 자신을 생각할 때도 이런 누님같이 생긴 국화꽃을 생각한다. 나를 한 송이 꽃에 비유해보자면, 어떤 사람들은 20대 초반의 나를 가장 아름다운 꽃이라고 생각할 것이다. 물론 외적인 면만 보면 그럴 수 있다. 하지만 나는 지금이 훨씬 더 아름답고 또한 나다운 꽃이라고 생각한다.

그 시절은 화려하기는 했지만, 내면은 세상이나 자신에 대해 아무것도 모르고 가족이나 타인들에 의해 만들어지고 보이기 위한 꽃에 가까웠다면, 지금은 다르다. 온갖 상처와 시련을 다 품고도 꿋꿋이 살아 있는 누님 같은 국화꽃이 된 것이다. 그때는 여기저기 나를 필요로 하는 곳에 불려다니는 화병에 꽂힌 인테리어용 조화였다면, 지금은 가끔 숲을 지나던 객(客)이 향기를 맡을 수 있는 살아 있는 야생화 같은 꽃이다. 내가 있어야 할 자리에 있고 없어야 할 자리에 없는 꽃이다. 그렇기에 더 귀하고 가치 있는 꽃이다.

통섭의 시대

우리나라에서는 앞으로의 직업에 따라 선택하는 전공 분야가 협소하다. 어쩌면 아주 상식적이고 당연하게 생각할 수도 있다. 그림을 그리려는 사람은 미대를 가고, 영화를 하려는 친구는 연극영화과를 간다. 그런데 외국은 그렇지 않다. 미술을 업으로 삼고자 하는 학생이 철학과를 가고, 영화 감독이 되고자 하는 학생이 사회학이나 교육학을 전공하기도 한다. 기업가가 되고 싶은 학생이 사학과를 다니기도 한다.

왜냐하면 본질은 모두 통하는 면이 있고, 앞으로의 시대는 통섭(統攝)[68]의 시대이기 때문이다. 다른 분야를 공부해야 더 넓은 시야를 가질 수 있고, 오히려 한 분야만 공부한 친구보다 더 자신만의 독특한 색깔을 가질 수 있다. 그런 면에서 오히려 자기와는 다른 분야를 공부하는 것이 더 큰 도움이 될 수 있다.

우리나라도 이제 선진국에 확실히 진입했지만, 이런 부분은 서구의 문화에서 배울 점이 있다고 생각한다. 서구의 열린 문화를 통해 더 많은 천재, 더 많은 개성 있는 예술가, 더 많은 탁월한 사업가들이 배출될 수 있다고 생각한다.

실제로 내가 만난 한 학생은 수학 천재인데, 철학과를 진학한다고 했다. 나 역시 사회복지를 공부하다 원예치료를 함께 공부하게 되었고, 그래서 원예치료에 대해 보다 폭넓고 실용적인 관점을 가미해 배울 수 있었다.

인터넷이 발달하면서 앞으로 더 많은 것이 연결되는 시대다. 인간의 삶을 윤택하게 만들겠다는 목적에 충실하려면, 이러한 통섭에 더욱 비중을 둘 필요가 있다. 모든 학문의 중심에는 사람이 있어야 한다. 영화든, 미술이든, 음악이든, 사회학이든, 수학이든 어떤 학문이든 사람이라는 본질로 통하므로, 이 분야에서 저 분야로 경계를 넘나들면서 공부할 수 있고, 그럴 필요가 있는 것이다.

스쳐 지나가는 것들에 대하여

문학이나 예술에 관한 공부를 해보면 재미있는 강의가 많다. 어떤 강의는 돌멩이 하나를 주워다 그 돌멩이와 하루 종일 이야기를 나누라고 한다. 우리가 놓친 것들을 보는 시간이다. 보고 싶은 것만 보는 것들을 바로잡아주는 시간인 것이다.

세상에 물들지 않은 아이들은 예술가와 같아서 돌 하나를 놓고 오만가지 상상력을 다 발휘할 수 있다. 하지만 어른들은 그렇지 않다. 돌멩이 이건 뭐 필요 없는 거잖아. 끝. 유용하냐, 아니냐라는 식으로 이익의 관점에 비추어서 판단해버린다. 우리는 우리에게 주어진 소중한 하루하루도 그렇게 함부로 살아버리고 있는 것은 아닐까? 필요와 이익의 관점에 따라 뭉개버리고 있는지도 모른다. 그렇기 때문에 세상을 제대로 볼 수가 없다. 돌멩이 하나에서도 우주를 발견할 수 있다. 아이들과 시인의 마음, 예술가의 시선이면 가능하다.

하루에 한 번씩 이런 훈련을 해보는 것은 어떨까? 일상에서 가볍게 생각했던 물건의 여러 가지 다른 면모를 찾아보자. 이모저모를 뜯어보고 생각해보는 것, 그 물건과 관련된 여러 가지 추억도 생각해보고, 그와 관련해 여러 가지 이야기도 만들어보는 것이다. 보다 깊게 들여다보는 훈련이다. 참을성이 없고 집중력이 부족한 사람들에게도 많은 도움이 될 것이다. 무엇보다 삶을 바라보는 시각 자체가 달라질 수 있다. 유용성으로만 세상을 바라보던 칙칙한 세상에서 잠시나마 벗어날 수 있을 것이다.

삶을 예술적으로 살고 싶다면, 무엇보다 지난한 시간들을 꿋꿋이 버텨내는 용기와 인내심이 필요하다. 그렇게 세월이 흐르다 보면 어느새 과거보다 더 자기다운 꽃으로 거듭날 수 있다.

다음으로 폭넓게 공부할 필요가 있다. 여러 가지 분야를 공부하면서 인생과 세상에 대한 깊이가 더해질 수 있다. 그 공부는 꼭 학교나 책을 통해서가 아니라도 좋다. 다양한 사람을 만나서 대화를 나누는 것도 공부다.

끝으로 조금 더 깊이 세상을 들여다볼 필요가 있다. 나태주 시인의 〈풀꽃〉이라는 시에서 "자세히 보아야 예쁘다 / 오래 보아야 사랑스럽다"라는 시구가 우리의 마음에 와닿는 것도 그런 이유다. 여러 가지 각도에서 오랫동안 자세히 보아야 깊이 있고 아름다운 세상을 만날 수 있다. 독자 여러분도, 매일 조금씩 예술가의 마음을 길러서 내면이 예쁘고 아름다운 사람이 되기를 기원한다.

치료정원의 다양성

자신만의 잘못된 신념에서 벗어나 개성적이고 예술적인 삶을 살기 위해서는 자연을 통해 지속적으로 신선한 자극을 받을 필요가 있다. 그런 면에서 정원을 늘 가까이하는 삶의 태도가 필요하다. 정원이 주는 창의적인 자극과 효용이 엄청나기 때문이다.

요즘 유행하는 손바닥 정원이든, 허브 정원이든, 집 밖의 넓은 정원이든, 정원은 우리에게 여러 가지 효용을 제공한다. 정원의 효용을 조금 더 구체적으로 생각해보면 이런 것이다. 먼저 정원은 도심의 회색빛 공간에 지쳐 있는 우리에게 휴식을 제공한다. 녹색식물과 교감하는 시간은 의무의 시간이 아니라 게임이나 쇼핑, 여행을 하는 것과 같이 즐겁고 건강한 여가 시간이다. 정원이 지친 일상의 쉼표를 찍어주는 공간이 되어주는 것이다.

다음으로 정원은 우리에게 실용적인 수확물을 제공하기도 한다. 각종 화학 비료로 인해 다소 우려되는 기성 농산품에 비해 건강한 먹거리를 제공한다. 신선한 과일과 채소를 제공해 우리 신체를 더욱 건강하게 만들 수 있다.

또한, 정원은 우리에게 신선한 공기를 제공한다. 요즘처럼 환경오염과 미세먼지가 문제되어서 맑은 공기를 마시기 힘든 시기에, 정원은 그래도 상대적으로 훨씬 깨끗하고 맑은 공기를 제공해준다. 그리고 식물의 증산작용(蒸散作用)[69]은 천연 가습기 역할을 해서 우리의 건강을 보호해준다.

식물이 아름다운 공간을 만들어서 우리에게 미적으로 예술적으로 만족감을 주는 것은 굳이 덧붙일 필요도 없는 말이다. 정원을 거니는 것만으로 정서적인 안정감을 얻고, 고향에 온 것 같이 원기를 회복할 수 있으며, 예술적인 공간과의 교감을 통해 새로운 아이디어와 창의성이 발현될 수 있다.

끝으로, 정원은 교육적인 공간이 될 수도 있다. 아이들은 물론 성인들에게도 새로운 식물과 곤충의 이름을 익히고 행태를 살피는 것이 과학적인 지식정보는 물론이고 나아가 인문학적인 사고를 풍성하게 하는 데 도움이 된다.

11장 선물 같은 삶의 주인공이 되어

누가 뭐라 해도 내 삶의 주인공은 나 자신이다. 내 왕국의 왕은 나이고, 내 정원의 주인은 나 자신이다.

내가 내 삶의 주인공이 아니라, 일생 더 나은 곳을 찾아 헤메이는 방랑객이 되어서는 곤란하다. 한 소년이 숲속에 누워 하늘을 바라보며 비행기를 보고는 비행사가 되리라는 꿈을 꾸었다. 긴 세월이 흘러 그는 실제로 비행사가 되었다. 어느 날 그는 고향 마을을 지나가게 되었다. 그리고 생각했다. '아, 다시 그 시절처럼 저 숲속에서 누워 있을 수 있다면.'

우리는 늘 더 나은 곳을 꿈꾸는 질환이 있다. 우리는 특정한 시간과 공간에서만 내 자신으로 사는 것이 아니라, 지금 여기에서 주인공으로 살아야 한다. 그것은 지금 여기에 몰입하고 현재의 경험으로부터 도망가지 않으며, 누가 뭐라고 해도 무소의 뿔처럼 자기주도적인 삶의 길을 걸어갈 때 가능하다.

더 나은 곳은 없다

나는 힘든 일이 있을 때 가끔 국내를 벗어나 있곤 했다. 그런데 외국에 나가서도 한국에 있을 때만큼 혹은 그 이상으로 사람들에게 시달렸다. 그때 깨달은 것은 문화가 조금씩 다르기는 해도, 사람 사는 곳은 다 비슷하다는 생각이었다. 어디를 가나 경쟁도 있고, 뒷담화하는 사람이 있고, 언제 화를 내나 찔러보는 악동 같은 사람이 있고, 자기보다 더 주목받으면 시기질투하는 사람도 있기 마련이다. 내가 아무리 지금보다 더 나은 어딘가를 찾아 도망간다고 해도, 더 나은 장소, 더 나은 세상은 없었다.

그러면서 연이어 찾아온 깨달음은, 그렇다면 결국은 내가 바로 서는 것이 중요하구나 하는 것이었다. 내가 바로 설 수 있다면 그 자리가 내가 찾는 피안(彼岸)[70]이 될 수 있다는 생각이 들었다. 결국 중요한 것은 나 자신이었다. 이 땅이 천국이라는 생각은, 천국 같은 세상과 사람들을 만나면서 일어나는 게 아니라 내가 바로 섰을 때 세워지는 것이라는 것을 깨달았다. 그래서 내가 선 자리에서 자유를 얻어야 하는 것이었다.

이러한 자유는 인간을 통해 얻는 것이 아니라 종교적 차원에서 하나님과 소통하면서, 하나님을 만나면서 얻게 되는 것이었다. 내가 무엇으로부터 어딘가로부터 도망가려고 하면 하나님은 항상 나를 지켜보고 계신다. 내가 도망치지 못하도록 하고, 그 자리에서 문제를 해결하도록 한다. 그래서 완전히 도망갈 수도 내 멋대로 방종할 수도 없다. 하지만 하나님의 관심과 사랑 안에서 더 크고 강력한 자유를 느낀다. 거기서 느끼는 자유는 하나님의 힘을 느끼는 자유, 말하자면 거룩한 자유다.

누군가 인생의 좌절을 겪고 나면 사람들은 그 사람이 변했을 것이라고 생각한다. 하지만 고난과 시련을 겪고 나서 사람이 변하는 것은 아니다. 적어도 나의 경우는 그랬다. 나의 본질은 변하지 않는다. 오히려 전에 막연하게 혹은 이론적으로 관념적으로 알고 있었던 것이 더 확실해지는 느낌을 받았다. 우리는 하나님으로부터 부여받은 타고난 선한 본성이 있다. 시련을 통해 악한 사람이 선해지는 것이 아니라 그 선한 본성을 되찾거나 그것이 참으로 진리라는 것을 확인하는 과정을 거치게 된다. 그리고 삶을 통해 확인하면서 보다 다듬어지고 구체화되고 풍성해지는 느낌을 받는다.

더 나은 곳이 없다는 깨달음도 얻게 된다. 나를 찾고 바로 세우는 것, 그렇게 해서 내가 적극적으로 내 삶의 주인공으로 거듭나는 것이 가장 중요한 것을 알게 된다. 환경이나 세상이나 사람들의 문제가 아닌 것이다.

관객도 주인공이 될 수 있다

우리가 공연에 참여하거나 어떤 모임에 초대받아 갈 때 너무 예쁘게 입거나 잘 차려 입으면, 어떤 사람들은 "쟤 왜 저래, 혼자 튀려고 그러냐"면서 이야기하는 경우가 있다. 하지만 그것은 본인의 약점을 상대방에게 투사(投射)[71]하는 것에 불과하다.

공연이라고 하는 것은 공연을 연출하거나 연기를 하는 입장에서 보면 감독이나 배우들이 주인공일 수 있지만, 공연을 즐기는 주체는 관객이다. 공연을 함께하면서 그 시간을 만끽한다는 측면에서는 공연을 보러 간 내가 주인공이다. 그렇다면 주인공에 맞게 그 시간을 최고로 꾸미는 것이 올바른 태도다. 모임에 초대받았다면 주최자를 위해서라도 최고로 잘 차려입고 가는 것이 맞다. 초라하게 입거나 대충 입고 가는 것은 피치 못할 사정이 있는 경우가 아니라면 예의가 아니다.

유럽으로 여행 갔을 때 나를 가이드해주신 분은 60대 후반 정도의 여성분이었다. 주중에 나에게 시간을 많이 할애하고 가이드를 잘해주셔서, 주말에도 혹시 몇 시간 볼 수 있는지 연락드렸는데 공연을 보러 가야 한다며 거절하셨다. 공연 전까지 시간이 많이 남는데 그전에 볼 수 없냐고 물으니, 공연 전에 미용실도 가야 하고, 네일도 받아야 하고 할 것이 많다고 했다. 혹시나 해서 공연에 같이 갈 수 있는지 물었는데, 그분은 그건 좋은데 공연에 입고 갈 옷은 가지고 왔는지 되물었다.

그러면서 그곳의 공연 문화를 알게 되었다. 그곳은 어린아이부터 할머니, 할아버지까지 공연에 갈 때 최고로 꾸미고 가는 것이 하나의 문화로 자리 잡혀 있었다. 주로 아시아인을 안내하던 가이드분은 그런 문화와 맞지 않을까 봐 걱정했던 것이다. 우리는 청바지에 운동화를 신고 어디든 가리지 않고 자연스럽게 돌아다닌다. 하지만 그곳에서는 내가 즐기고 대접받는 곳인 공연장에서 최고의 시간을 즐기려고 노력한다. 값비싼 옷을 입지 않더라도 시간과 정성을 들여 나를 최고로 꾸민다.

공연장에는 젊은 학생들도 많이 왔다. 형편이 넉넉하지 않은 학생들이라 일주일 내내 돈을 모아 제일 뒷좌석 티켓을 구해 앉은 듯했는데, 다들 평소 입지 않는 예쁜 옷들을 입고 왔다. 자기들 딴에는 베스트로 차려 입은 것이었다. 이 아이들이 나이가 들면 조금 더 비싼 가방과 옷으로 치장하고 앞자리를 구해 앉을 텐데, 당장은 여러 가지로 부족해도 거기서 누릴 수 있는 최대한을 누리는 것이었다.

태평양에 한 섬나라가 있다. 이 나라는 영국령으로 그렇게 부유하지는 않은 조그만 시골 섬이다. 국교가 기독교여서 주말이면 모두들 교회에 가는데, 하나같이 조그만 가방을 옆구리에 끼고 손에는 하얀 장갑을 끼고서 가장 좋은 옷을 입고 나온다. 하나님을 만나고 성스러운 시간을 함께하는 자리이기 때문에 그렇게 최선을 다하는 것이다. 그 순간만큼은 빈부격차나 남녀노소에 따른 차등 없이 동등한 신의 자녀가 된다.

내 삶을 신성하게 만들고, 나를 주인공으로 만드는 것은 나 자신이다. 누가 추켜세워주고 대접해서 그렇게 되는 것이 아니라, 얼마나 나 스스로를 정성스럽게 대접하는지에 달렸다. 주어진 시간에 얼마나 최선을 다하는지에 따라 그 순간은 내가 내 삶의 주인공이 될 수 있다.

이렇게 최선을 다하고 매너를 지키면 세상도 나에게 그런 대접을 해준다. 명품관이나 백화점, 전통 있는 레스토랑에 가면서 트레이닝복에 슬리퍼 차림이면 대접받지 못한다. 자부심을 가지고 있는 직원들은 자신들의 문화에 흙탕물을 일으키는 손님을 받아주고 싶지 않은 것이다. 문화와 전통을 지키는 것은 매우 중요한 일이다. 세상으로부터 대접받고 싶다면 대접받을 만한 행동을 해야 한다. 언제 어디서나 내 삶의 주인공으로 서는 태도는 나를 둘러싼 세상과의 대화와 소통에도 큰 도움이 된다.

경험에서 도망가지 말라

자신의 삶에서 주인공으로 살고 싶다면, 다가오는 세상을 온전히 경험해야 한다. 그것은 나에게 주어진 선물 같은 삶이기 때문이다.

미하이 칙센트미하이[72], 다소 독특한 이름을 가진 이 심리학자는 몰입이라는 키워드로 현대 심리학계에 큰 돌풍을 일으키며 선풍적인 인기를 끌었다. 그는 결과가 아닌 과정 자체에서 얻는 즐거움을 위한 몰입과 창의성에 관한 연구로 유명하다. 그는 우리가 진실로 행복을 느끼는 순간은 특정한 결과물을 얻었을 때가 아니라, 경험 자체라고 이야기했다. 그래서 행복을 추구하기 위한 삶은 바보 같은 일이며, 자신이 하고 있는 일에 몰입하고 그 자체를 즐기는 것이 진짜 행복을 찾는 비결이라고 강조했다.

미하이는 1934년 이탈리아에서 태어났다. 처음부터 심리학자는 아니었고, 여행 가이드라는 독특한 직업을 갖고 있었으며 사진가로도 활동했다. 그는 미국 시카고대학에서 심리학 박사 학위를 취득한 뒤 동 대학 심리학 교수로 재직했으며, 1999년부터 캘리포니아에 위치한 클레어몬트 대학원에서 교수로 재직했다.

그는《플로우》라는 책에서 이탈리아 심리학 연구팀이 조사한 사례를 예로 들고 있다. 이탈리아 폰트 트렌타츠라는 마을에서 소젖 짜는 사람들을 인터뷰했는데, 이들의 일은 결코 쉬운 일이 아니었다. 강렬한 눈보라와 맞서 싸우기도 했고, 과거에는 역병이 떠돌기도 했으며, 힘든 단순 노동도 많았다. 하지만 여기서 일하는 사람들은 모두 자신들의 일을 즐기고 사랑하고 있었다.

그들은 노동시간과 자유시간을 확고하게 구분 짓지 않았으며, 가장 즐거운 일이 자신들이 평소에 하고 있는 소를 모는 일, 과수원에서 가지 치는 일, 소젖 짜는 일이라고 말했다. 여건이 된다면 일을 줄이고 싶다는 사람도 없었고, 시간과 돈이 넘친다고 해도 이 일을 계속할 것이라고 말했다.[73]

플로우(flow)는 흘러간다는 말이다. 삶이 다가오는 대로, 즉 순리대로 흐름을 타면서 흘러간다. 그리고 그 과정은 매일 자신의 일에 충실히 몰입하는 것이다. 진정한 행복을 느끼는 사람들은 이렇게 플로잉(flowing)이 가능한 사람들이다.

미하이는 이 마을 사람들을 자기 목적적인 성향의 개발자라고 했다. 즉 자신에게 주어진 환경과 일하는 조건이 험난할지라도, 자신만의 자유로움과 창의성을 부여해 일하는 것 자체를 목적으로 전환시키는 것이다. 만일 이러한 기질이 훈련되지 않은 사람이라도, 자신의 일에 적절하고 유연한 노력의 목표를 가지고, 빠른 피드백과 다양성을 갖추게 한다면, 플로우를 느낄 수 있을 것이라고 말했다.

'자기 목적적인 일'이라는 개념은 우리에게 매우 의미심장한 메시지를 던져준다. 우리는 늘 일을 행복으로 가기 위한 수단이나 결과물을 얻기 위한 수단이라고 생각했지, 그 자체를 목적이라고 생각해본 일은 거의 없다. 일을 빨리 끝내고 맥주를 한 잔 마시거나 텔레비전을 보거나 게임을 하거나 쇼핑을 가려고 했을 뿐, 일 자체를 즐기지 못했다. 오히려 도망가야 할 그 무엇이었다. 그런데 일에서 경험하는 것들 자체를 목적으로 삼는다면, 더 이상 그런 괴로움에 시달리지 않고 일상을 즐기면서 살 수 있다.

미하이는 플로우라는 개념을 통해, 우리를 해방시켜줄 무엇인가를 찾아 더 나은 곳으로 떠나는 방법 이외에, 새로운 존재 양식이 있다는 것을 새삼 자각시켜주었다. 그 치료 요법은 바로 지금 이 자리에서 항상적으로 행복할 수 있는 방법이며, 그것은 나에게 주어진 일과 이곳에서의 삶이 여가나 머나먼 휴양지보다 고통스럽거나 즐겁지 못한 것이라는 상식을 깨는 것에서부터 출발한다.

자기주도적인 삶의 길

요즘 정신과 치료를 받거나 상담을 신청하는 가정을 보면 우울증과 분노조절 장애를 겪는 아이들이 많다. 부모가 아이를 심하게 통제하기 때문이다. 자신들이 원하는 방식대로 길러내기 위해 일상을 통제하고 그것을 넘어 감정까지 통제하기 때문에 참다못한 아이들이 폭발하거나 우울감에 빠져드는 것이다.

아이들이 스스로 자기효능감을 가지는 단계까지 자연스럽게 성장해야 하는데, 그 과정을 무시하고 생략하면 이런 일들이 벌어진다. 힘든 일들이 있더라도 스스로 문제를 해결해나가는 과정에서 아이들은 성장하게 된다. 그런데 부모가 계속 개입하는 것은 아이들에게서 그 기회를 박탈하는 꼴이다.

자기 힘으로 생각하고 고민하며 아픔을 견뎌내는 기간이 불가피하게 필요한데, 부모가 그것을 가로막아 버리면 내적인 힘이 성장할 새가 없다. 그렇게 내적인 힘, 마음의 근육을 기르지 못하니 작은 어려움에도 부서져버리고 폭발하고, 자신을 조절할 힘이 없다.

이것을 뒤집어보면 자녀의 입장에서도 마찬가지다. 좋은 부모를 만나면 아무래도 좋은 교육을 받고, 괜찮은 인품을 가질 수 있는 가능성이 높다. 하지만 부모가 똑똑하다고 해서 아이들이 다 영리한 것도 아니고, 부모의 인품이 좋다고 해서 자녀들 전체가 인성이 좋은 것은 아니다. 곧게 잘 자라는 자식도 있고 청소년 시절부터 일탈해 사건사고를 일으키는 자식도 있다.

아이 입장에서는 인품도 선하고 경제적인 면에서도 여유가 있는 부모를 만나면 좋겠지만, 현실적으로도 불가능하거니와 그것이 내가 바른 사람으로 자라는 데 필수불가결한 요소는 아니다. 어려운 가정환경에서도 훌륭하게 자란 인물이 얼마든지 많이 있다. 유교 오성(五聖)[74] 중의 한 사람인 맹자(孟子)[75]는 오히려 적자(嫡子, 본부인에게서 태어난 자식)보다는 서얼(庶孼, 첩의 자식)로 태어난 아이들이 영리하고 지혜도 많다고 했다. 왜냐하면 그들에게 주어진 태생적 시련이 그들을 강하게 만들었기 때문이라는 것이다.

따라서 비록 스무 살 이전까지는 부모님의 영향을 많이 받았더라도, 성인으로 자랄 때까지 부모님이 경제적으로 뒷받침해주었다면 그다음부터의 삶은 자신의 몫이라고 여겨야 한다. 기본적 상식과 윤리는 학교에서 모두 배워서 알고 있지 않은가? 통제가 심한 독재국가나 공산국가도 아닌 우리나라에서 스스로 공부하고 일해 방법을 찾을 생각을 해야지, 언제까지나 부모 탓만 하고 있어서는 안 된다. 그것은 노력을 게을리하기 위한 핑계이기 쉽다.

젊은이들 입장에서는 성인이 된 이후에는 자기주도적인 생활 태도로 살아야 하고, 부모 입장에서는 관심과 사랑은 유지하되 성인이 되기 전에 그렇게 성장할 수 있는 기회를 충분히 제공하는 것이 필요하다. 그래야 자녀가 자기 삶의 주인공으로 성장할 수 있다. 사회에 나오면 더욱 심하고 복잡한 사건사고들을 겪게 될 텐데, 어려서부터 그런 훈련이 되지 않으면 독립하면서 자기주도적인 삶으로 전환하는 것이 더욱 어려워진다.

남들이 뭐라 해도 나의 길을 간다

누군가 나에게 화를 낸다고 해서 거기에 일일이 반응할 필요는 없다. 20대 때는 누가 나에게 화를 내면 모두 내 잘못이라고 생각하며 괴로워했다. 그런데 나이가 들면서 그렇지 않다는 것을 알게 되었다. 스스로의 기준으로 올바른 길을 가고 있다면 너무 연연해하지 않아도 된다.

예를 들어, 만약 손가락이 아파서 친구에게 캔 뚜껑을 따달라고 부탁했는데 친구가 이유도 묻지 않고 대뜸 이런 일을 시키냐며 화부터 낸다면, 그 분노에 너무 연연해할 필요가 없다는 말이다. 피해의식이 있거나 자기의 약점을 상대방에게 투사하는 사람은 과도하게 화부터 내는 경향이 있다. 그런 감정에 끌려다니는 것은 지혜롭지 못한 일이다. 상대방의 감정에 일일이 자책하지 말고 자신만의 중심을 갖고 살아가야 한다.

《요나와 꼬마벌레》라는 책이 있다. 요나는 선지자이고, 꼬마벌레는 보잘것없는 한 마리의 벌레에 불과하다. 하나님은 둘에게 니느웨라는 지역으로 갈 것을 명했는데, 하나님의 일꾼인 요나는 명령을 따르지 않고 자기 멋대로 가고 싶은 곳으로 가고, 꼬마벌레는 순종해 그 길을 간다. 꼬마벌레가 가는 길에는 온갖 역경이 있었다. 시기하고 비난하고 온갖 다툼을 벌인다. 심지어 왜 그곳에 가야 하는지 이유도 모른다. 그런데 꼬마벌레는 꿋꿋이 니느웨까지 한 걸음씩 나아갔고, 하나님은 여러 가지 방식으로 이 벌레의 고난에 찬 여행에 도움을 주었다. 그리고 이러한 여정은 요나를 감동시키고 변화하게 만들었으며, 벌레 자신도 종국에는 니느웨에 도달해 날개를 달고 찬란한 나비가 되는 경험을 하게 된다.

이 동화는 종교를 넘어 우리 삶에도 상당한 시사점을 준다. 우리가 올바른 길을 갈 때 주위에서 늘 칭송하고 격려하고 응원해주는 것만은 아니다. 오히려 양심에 거리낌을 느낀 많은 사람들, 자기 이해타산만 생각하고, 자기 약점을 투사하는 내적으로 연약한 이들이 온갖 방법으로 괴롭히는 경우도 많다. 하지만 거기에 일일이 신경 쓰고 분노할 필요가 없다. 자신의 양심에 순종하고 있다면, 꿋꿋이 자기의 길을 걸어가면 되고, 그 여정의 달콤한 결실은 반드시 얻게 될 것이다.

안타깝게도 세상에는 남을 무너뜨리고 망가뜨리면서 만족하는 사람들이 많다. 누군가를 무너뜨린 뒤 도와주는 것처럼 손을 내밀었다가 조금 올라오는 듯 보이면 다시 무너뜨리는 사람도 있다. 이러한 일은 어디서든 일어날 수 있다. 심지어 종교단체도 마찬가지다. 오히려 죄인 중에 죄인이 모인 곳이 종교단체라는 말도 있다.

늘 스스로를 점검하고 깨어 있으면 된다. 나 자신의 양심에 비추어 올바른 길을 걷고 있는데, 비루한 내면을 가진 이가 나를 비난하고 모함하고 괴롭힌다면, 오히려 '아, 내가 지금 잘 가고 있구나'라고 생각하면 되는 것이다. 그렇게 자기를 객관적으로 볼 수 있고, 자기 중심을 굳건히 할 때 내 인생의 주인공으로 살아갈 수 있다.

원예활동의 오감을 자극하면 인지능력이 향상된다

자기주도적인 삶을 유지하기 위해서는 인지적인 건강을 잘 유지할 수 있어야 한다. 노화로 인한 인지기능 저하는 피할 수 없는 일이지만, 그렇다 하더라도 살아 있는 동안 최대한 또렷한 인지능력을 갖고 있는 것은 행복하고 자립적인 삶을 위한 필수 조건이라고 할 수 있다. 그리고 원예치료가 여기에도 일정한 도움이 될 수 있다.

어린아이들의 경우는 원예치료를 통해 숫자에 대한 관념과 공간지각능력이 발달되고, 주의력·창의성이 향상되었다. 성인과 노인의 경우에는 방향을 인지하는 능력과 기억력이 향상되었다. 그리고 정신질환자 특히 치매질환자의 경우에도 원예치료를 통해 집중력과 기억력 등의 인지능력이 발달되었다는 결과가 있다.

대표적인 실험결과를 살펴보면, 치매질환자를 대상으로

원예치료의 세 가지 주요 효과

신체적 효과	인지적 효과	심리사회적 효과
• 근육 및 관절 기능의 발달 및 향상 • 초기성 활동을 통한 칼로리 소모 • 영양 및 건강증진 효과	• 새로운 지식 습득 • 어휘력과 의사소통 기술의 향상 • 관찰력 및 집중력 증대 • 호기심 자극 • 감각 자극 • 기억력 증대	• 심리적 측면 – 자신감과 자아존중감, 자아개념 향상 – 비경쟁적 성취 허용 – 자제력 증진, 공격성향 감소 – 창조성 증대 – 미래에 대한 흥미, 희망, 의욕 고취 • 사회적 측면 – 자연스러운 사회적 상호작용 기회 제공 – 의사소통력, 자기통제력 증진 – 사회적 교류기술

14회의 실내 원예활동이 중심이 되는 원예치료 프로그램을 시행한 결과, 측두엽과 두정엽의 대사가 향상되는 결과를 발견할 수 있었다. 이러한 발견은 보건복지부로부터 2017년 신의료 기술로 인정받기도 했다.[76]

원예치료는 어떻게 해서 이것을 가능하게 하는가? 원예치료는 인간의 오감을 건강하게 자극한다. 좋은 향기와 맑은 공기는 후각(嗅覺)을 자극하고, 황토색 흙과 녹색식물, 붉은 꽃 등 다채로운 색깔은 시각(視覺)을 자극하며, 잎사귀와 흙을 만지는 행동은 촉각(觸覺)을, 새소리나 풀벌레 소리, 식물을 가꾸는 과정에서 생기는 각종 소리들은 청각(聽覺)을, 그리고 수확물을 맛보는 과정에서 미각(味覺)이 자극된다. 이렇게 안정적으로 교감하는 과정에서 충분히 향유하는 오감의 자극은 우리의 인지능력을 건강하게 향상시킨다.

기억력이 향상되고, 집중력이 좋아지며, 방향과 공간을 더 잘 지각할 수 있게 되고, 식물의 성장을 도와주는 과정에서 문제를 풀어나가는 능력, 예술적인 공간을 가꾸는 과정에서 창발성(創發性)도 향상될 수 있는 것이니, 원예활동으로 전방위적인 인지능력이 상승하게 된다.

12장 있는 그대로 존재하기

'농부는 굶어 죽어도, 종자는 베고 죽는다'는 말이 있다. 다음 한 해 농사, 미래를 위한 최소한의 자원은 반드시 남겨둔다는 말이다. 《감옥으로부터의 사색》이라는 책으로 유명한 고(故) 신영복[77] 선생님이 힘든 감옥생활에서 좌우명으로 삼았다는 것이 바로 석과불식(碩果不食)[78]이다. 이 역시 아무리 힘든 상황에서도 씨 과일은 먹지 않고, 미래를 위한 희망으로 남겨놓는다는 말이다.

인간이 자연을 개발하는 일도 마찬가지다. 개발도 적당히 해야 하는데, 그 적당히라는 선을 지키지 않아 지금과 같은 사태가 벌어졌다.

앞에서 원예치료를 통해 자연과 가까워지면 개인의 심신이 건강해진다는 것을 살펴보았다. 그런데 우리는 여기서 멈출 것이 아니라 전 지구적인 차원에서 환경오염을 중단하고 자연의 원형을 복원하는 것으로 자연과의 대화를 시도해야 한다.

사람이든 자연이든 뭔가를 변형하고 개발해, 성공하고 성장하는 방식만으로 행복해질 수 있다고 믿는 것이 문제다. 자연과 인간, 우리의 본질은 있는 그대로, 존재 자체로 이미 행복하다. 그 진리에 대한 인간의 전향적인 깨우침이 자연도 살리고 인간도 살릴 것이다.

사람은 자연의 일부일 뿐이다

사람을 제외하고 자연에 속한 동식물들은 자기에게 주어진 본분과 분수 이상의 것을 탐하지 않는다. 오직 인간만이 그 이상의 욕심을 가지고 있다. 자기 창고에 아흔아홉 섬의 식량이 넘쳐나도 남의 쌀 한 섬을 빼앗아 백 섬을 채우려는 것과 같다. 그 욕심 때문에 생태계는 망가져간다. 우리 사회의 생존이 달린 문제이니, 한시바삐 경각심을 갖고 인류 전체가 중대한 결심으로 공동 대응해야 할 때가 왔다.

자연은 잘 보존하고 가꾸면 반드시 그에 대한 보답을 한다. 예를 들어보면, 개인뿐만 아니라 한 국가가 경제적으로 성장할 때도 자연을 회복하는 일이 우선이다. 1960년대와 1970년대 본격적으로 식목일을 지정하고 육림사업(育林事業)을 한 것은 우리나라 경제발전의 큰 원동력이 되었다. 이제 막 경제발전의 페달을 밟기 시작했던 중국을 비롯한 이웃 나라에서도 우리나라에 나무 심는 광경을 보러 오기도 했다. 전쟁 이후에 피폐해진 땅이 이러한 사업을 통해 녹색 물결로 뒤덮이게 되었다. 어떤 이들은 경부고속도로의 건설보다 육림사업이 경제발전에 더 큰 도움이 되었다는 분석결과를 내놓기도 했다.

사람은 자연의 일부일 뿐이니 어떻게든 더불어 살아갈 생각을 해야 한다. 한 개인의 심신의 건강뿐만 아니라, 인류 전체를 위해서도 이러한 철학을 반드시 주지하고 있어야 한다.

나는 우리가 조금 더 자연을 가까이하고, 자연과 더불어 생활하는 시간을 늘려야 한다고 본다. 옷은 본래 사람을 보호하는 것이지 과시하는 수단이 아니다. 물론 문화적으로 자리 잡은 옷의 기능을 무시하려는 것은 아니지만, 본질적인 면에서 그렇다는 것이다. 우리가 일주일에 한 번이라도 자연으로 돌아가 맨발로 흙을 밟고, 피부로 자연의 공기를 접할 수 있다면 훨씬 더 건강해질 것이다.

지저분하다 더럽다라고 할 수 있지만 우리가 태어난 곳이 바로 그 흙이니 그렇게 생각할 것만은 아니다. 녹색이 주는 안정감, 흙이 주는 편안함, 이런 것들이 우리가 다시 살아갈 용기와 힘이 된다. 조금 더 자연친화적인 삶을 살 필요가 있다.

존재의 방식, 두잉에서 비잉으로

나는 하루아침에 모든 일을 그만두면서 아무것도 할 일이 없는 사람이 되었다. 그때 심정은 갑자기 내가 무(無)가 되어버린 것 같은 느낌이었다. 퇴직했거나 실직한 사람도 어쩌면 비슷한 느낌을 받을 수 있을 것이라고 생각한다. 특별한 사유로 하던 일을 할 수 없게 된 사람, 어떤 조직에서 축출되거나 소외되어서, 혹은 기능을 잃게 되어서 더 이상 역할을 가질 수 없게 된 사람은 모두 자신이 무가 된 듯한 느낌을 받을 수 있다.

어느 날은 무기력해져 있는 나에게 가족이 밥을 사준다고 해서 외출한 일이 있었다. 나가기 힘들었지만 나가지 않겠다고 말하면 실망할 어머니를 생각해 억지로 옷을 차려입고 밖으로 나갔다. 밥을 먹고 있는데, 어머니가 "네가 신앙을 가져서 그런지 그래도 이나마라도 잘 이겨내고 있는 것 같구나. 신앙이 참 큰 힘이 되는 것 같아. 널 보면서 그걸 깨달았다"라고 말씀하셨다. 그 말을 듣고 내 안에 있는 신앙의 힘이 새삼스럽게 느껴졌다. 그리고 이런 생각이 들었다. '참 이렇게 초췌하고 아무 쓸모 없는 내 모습에도 하나님은 무엇인가 일을 하고 계시는구나.'

인본주의 심리학의 거두인 칼 로저스가 심리학계에서 추앙받는 이유 중의 하나는, 뛰어난 심리학자이기도 했지만 그가 심리상담의 방식 자체에 큰 패러다임의 전환을 일으켰기 때문이다. 그 전환을 한마디로 이야기하자면 두잉(doing)에서 비잉(being)으로의 전환이라고 할 수 있다.

과거의 심리치료는 상담사가 내담자에게 답을 찾아주고, 어떻게 하라고 지시를 내리는 방식이었다. 하지만 로저스는 상담자가 지시적이지 않은 상태일 때 내담자를 치료하기에 가장 좋은 환경이 조성된다는 것을 깨달았다. 내담자로 하여금 자기 자신에게 좀 더 집중하게 만들어서 자신의 내부에 잠자고 있는 건강한 힘을 복원해 문제를 해결할 수 있도록 만들어주는 것이다. 상담의 중심을 상담사에서 내담자로 옮겨간 이러한 방식은 지금은 널리 보편화되었지만, 당시로서는 혁명적인 방식이었다.

이렇게 함으로써 내담자는 환자로 위축되어 가는 것이 아니라 스스로가 스스로에게 명령을 내리는 자신의 강력한 본성을 되찾게 되면서, 건강한 사람으로 자연스럽게 회복되어간다. 칼 로저스의 방식은 상담사와 내담자를 동등한 관계로 놓고, 한 사람이 그 사람 자신이 될 수 있도록 도와준다는 면에서 매우 독특하면서도 철학적인 방식이었다. 당대에 비판도 많았지만 현대에는 대부분의 상담사들이 로저스의 방법을 직간접적으로 활용하고 있다.

이러한 상담 기법은 상담의 방식이 아닌 한 사람의 삶의 방식에서도 적용할 수 있다고 생각한다. 이것은 내가 삶을 통해 깨달은 것이기도 하다. 상담의 행위를 제거하고 자기 자체로, 있는 그대로 존재하게 하는 상담 방식은 삶의 방식에서도 유효하다. 말하자면, 우리가 삶에서 뭔가를 행위해야 하는 특정한 역할을 제거한다고 해도, 우리는 스스로 존재할 수 있고, 그 자체로도 자족하는 삶을 살 수 있다는 것이다.

떠도는 자의 노래

앞선 이야기로 돌아가 나는 무(無)가 되어서 해외 이곳저곳을 전전했던 시절이 있었다. 아무 데서도 나를 찾아주지 않고, 더 이상 해야 할 일이 없었다. 처음에는 여전히 뭐라도 쓰임받을 곳을 찾아서 떠돌아다녔는지도 모르겠다. 그러나 무(無)가 된 나를 달갑게 받아주는 사람은 많지 않았다. 어디를 가든 꼭 괴롭히고 힘들게 하는 사람들이 있었다.

따로 직업도 없거니와 신체적으로나 정신적으로 할 수 있는 일이 없어서 주로 청소를 하고 쓰레기를 줍는 일들을 했다. 그러던 어느 날 뭔가 할 일이 생겼다. 그것은 아이들을 위한 선교 교재를 만드는 일이었다. 나는 그때까지만 해도 깊은 자괴감에 빠져 내가 쓸모없는 인간이라는 생각을 하며 하루하루 그저 버티고 있었을 뿐이다. 한 단어로 간단히 말하면 누가 봐도 그냥 '폐인(廢人)'이었다. 사람들이 무서워서 사람들의 시선을 피해 한 줌도 안 되는 크기로 쪼그라들어 있는 사람이었다.

사실 세상 곳곳에는 할 수 있는 일이 엄청나게 많다. 내가 해오던 일이 아니더라도 꼭 주목받고 실력을 인정받고 보수를 후하게 받는, 명예가 있는 그런 일이 아니라도 누군가 꼭 해야 할 일이 많다. 과거에는 내가 어디를 가서 봉사활동을 하거나, 힘든 일을 하면 누군가 나보고 선생님은 이런 일을 할 분이 아니라고 이야기하는 사람도 있었다. 혹 나를 높여준답시고 자신을 낮추는 말일 수도 있지만, 나는 그런 말이 불편하게 들렸다.

그러면 이 일은 누가 해야 하는가? 이런 일을 하려고 태어난 사람은 누구인가? 본인 스스로 자기 위치를 떨어뜨릴 필요가 없다. 나를 낮추면 남도 자신을 하천(下賤)하게 여기게 된다. 불과 몇 년 후 완전히 무기력해졌던 나는 당시 내가 청소라도 할 수 있어서 다행이라고 생각했다.

살아만 있어 달라

내가 교재 만드는 일에 소질이 있을 거라고는 전혀 생각하지 못했다. 그런데 남들이 한두 달 걸려 만드는 교재를 일주일 만에 만들어내니 원장님이 놀라셨다. 그 교재를 사용하는 선생님들이나 아이들도 매우 좋아했다. 자기들이 수업을 못 쫓아가니 너무 빨리 만들지 말라는 말도 했다.

거기에는 여러 가지 이유가 있다. 일반적으로 한국인들은 외국인보다 손이 빠르고 손재주가 좋은 편이다. 먹고살기 힘들던 1960, 1970년대에도 세계 기능시험에서 한국인이 순위권을 다툰 것도 그러한 이유 때문이다. 성격도 한몫했다. 보통 사람들은 이만하면 됐다라고 생각하고 쉬엄쉬엄 속도를 조절하는데, 나는 성격상 그러지를 못하는 편이다. 물론 그들이 나에게 힘을 불어넣어 주기 위해 약간은 과장을 섞어 칭찬했을 수도 있을 것이다.

어떻든 내가 한국으로 돌아온 이후 1년이나 지났을까, 그곳에서 사진을 찍어 보낸 일도 있다. 아직도 내가 만든 교재로 공부하고 있다는 것이다. 내가 보면 부족한 점이 많지만 그렇게 고맙게 써준다니 오히려 내가 감사할 뿐이었다. 그 일로 모든 것이 다 해결된 것은 아니지만, 당시에는 그래도 아직 나를 필요로 하는 곳이 있구나라는 생각이 들면서 희망의 불씨가 생겼다.

그날 집에서 기도를 하는데, 하나님의 음성이 들렸다. '너는 나를 위해 살아만 달라'는 것이었다. 비록 세상이 다 나를 버려도 하나님은 나를 버리지 않는구나, 그리고 내가 무엇인가 역할이 있어서 예쁘고 사랑받는 것이 아니라 존재 자체로 가치가 있구나 하고 깨달았다. 존재 자체로 가치가 있다. 후에 한국에서 다시 심리학을 공부하며 알게 되었는데, 이것이 칼 로저스 긍정심리학의 핵심이었다. 나는 책과 공부를 통해 내 삶이 인정받고 확인받는 느낌이 들었다. 살아만 있어 달라는 것은 존재 자체로 가치가 있기 때문이다.

있는 그대로 존재하기

아무것도 아닌 나의 모습을 통해서도, 세상에서 가장 보잘것없는 무엇인가를 통해서도 하나님은 자신의 모습을 드러낸다. 내가 뭔가를 잘해서 가치 있는 것이 아니라, 존재 자체로 가치가 있는 것이다.

지금은 어떤 일을 하고 있어도 몇 년 후 전혀 다른 일을 할 수도 있고, 지금 전부인 것 같은 것이 한순간에 사라질 수도 있다. 상황에 따라 직업도 바뀌고 나의 위치와 불리는 이름도 바뀐다. 특정한 역할과 이름에 의지하면 고통을 받고 불행해질 수 있다는 것을 되새겨볼 필요가 있다.

우리는 항상 무엇이 되어서 존재 가치를 인정받으려 하고, 무엇을 해서 자신의 존재 가치를 증명받고, 그것으로 행복해지려고 한다. 하지만 그것은 영속적인 것이 아니라 언젠가는 모두 사라질 것들이다.

그런 분들에게 이야기하고 싶다. 아무것도 안 해도 되니까 그냥 살아만 있어도 당신은 당신의 가장 소중한 역할을 하고 있는 것이다.

"있는 그대로 괜찮다."

나는 그것이 하나님이 인간에게 원하는 바이고, 위대한 인본주의 심리학자가 전하는 최고의 메시지라고 생각한다.

돈이 많지 않아도, 화려하게 빛나지 않아도, 유명하지 않아도, 성공하지 않아도, 단지 있는 그대로 존재하는 것이 하나님이 우리에게 바라는 것이다. 그리고 그러한 하나님의 뜻으로 우리는 우리 자신을 바라볼 수 있어야 한다.

그리고 이왕 존재하는 거 웃으면서 살아간다면, 하나님이, 혹은 종교가 없더라도 나를 낳아주신 부모님이, 나를 사랑한 그 누군가가 더 행복하지 않겠는가? 성경에 나오는 천지창조가 누구를 위한 것이었던가 돌이켜보면 인간을 위한 것이었다. 그리고 그 인간이 나인 것이다. 마지막으로 이 책을 읽고 있는 독자 여러분에게 여기에 대한 메시지를 강조하는 것으로 이 책의 마지막을 갈음하고자 한다. 있는 그대로 괜찮아.

원예 속에서의 인간의 삶

원예는 점차 사람과 밀접해지고 있다. 산업혁명과 도시화를 통해 자연에서 스스로를 소외시키고 격리시켰던 인간이 이제 조금씩 뭔가 잘못되었음을 깨닫고 자연에 다가가고 있다. 원예와 원예치료, 정원 역시 그러한 맥락에서 점차 인간에게 가까워지고 있다. 생활원예, 도시원예가 원예의 주요 이슈로 떠오른 것도 그러한 변화의 일환이다.

미국의 한 원예 전문가는 인간이 식물을 재배하는 것을 통해 경제적인 성과와 취미 생활을 즐기는 두 가지 목적을 동시에 달성할 수 있고, 자연환경과 인간이 서로 더불어 살아가면서 인류 전체가 복지사회로 나아가는 데 도움이 될 수 있다고 했다.[79] 기본적으로 사람들이 도심생활에 지쳐 있고, 그 때문에 정서함양을 위해 원예를 가까이하는 것이 점차 더 자연스럽고 긴요한 일이 되어가고 있는 것이며, 그 외에도 원예를 통해 다양한 이익을 얻을 수 있는 것이다.

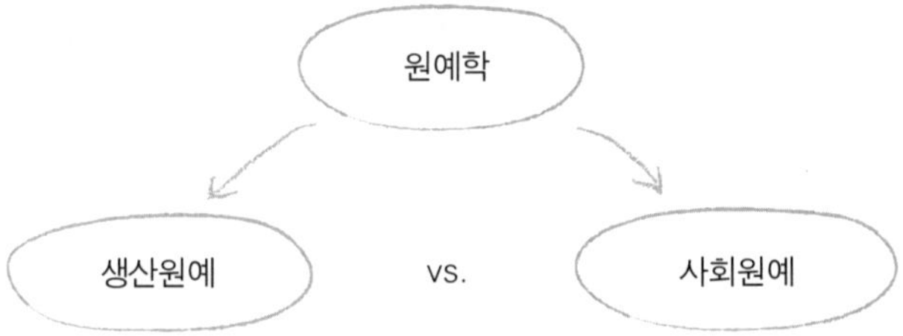

경제성 추구를 목적으로 식물의 질적 · 양적 생산 향상에 중점을 둔 전문적 원예농가와 관계되는 원예 분야

원예 생산 그 자체보다 생산을 위한 행동이나 활동, 생산물의 이용, 그러한 행위와 산물이 가져다주는 직간접적 효과

그것들을 매체로 한 인간관계 등과 같이 원예와 인간과의 관계를 주제로 하는 원예 분야

원예의 대상을 원예농가나 원예 생산물의 유통-가공 관계자뿐만 아니라 영리적 원예 생산에 관여하지 않는, 일반 시민을 포함한 국민 전체로 확대.

인간다움과 삶의 질적 향상, 심신의 건강 면에서 시민에게 이익을 가져다줌.

원예학의 새로운 기능

따라서 과거의 단순했던 원예의 범주가 점차 더 폭이 넓어지고 있다. 과수원예, 채소원예 등에서 가정원예, 생활원예, 관광원예, 조경원예, 도시원예 등 다양한 원예의 개념이 추가되고 있다. 도심에서 관상식물을 가꾸는 도시원예, 식물원을 만들어서 과일과 채소를 기르는 과수원예, 도시에 공원을 조성하는 일, 주말에 텃밭을 가꾸는 주말농장, 아파트나 빌라의 베란다에서 식물을 기르는 소규모 도시원예 등등으로 확장되어가고 있다. 여기에 더해, 교도소, 병원, 요양원, 도심의 숙소와 상점, 관공서, 학교 교육현장에 이르기까지 원예가 점차 생생하고 현재적인 우리 삶의 현장 속으로 들어오고 있다.

정리하자면, 과거의 과수원예, 채소원예 같은 생산원예에서 생활원예, 도시원예의 중요도는 점차 더욱 높아지고 있다. 원예치료 역시 이러한 관점에서 우리 삶과 생활 반경에서 점차 더 비중이 높아질 것이니, 바야흐로 삶 속으로 들어온 원예의 시대가 도래한 것이다. 이렇게 자연과 인간이 어우러지는 삶을 살아갈 때, 우리는 다양한 실용적인 성과를 얻는 것은 물론이거니와 우리 자신의 존재의 본질을 더 잘 이해할 수 있을 것이다.

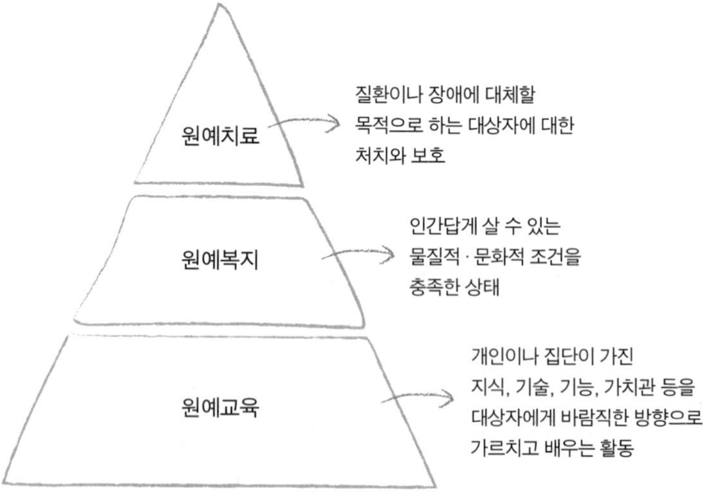

원예치료의 위치

미주

1 안도 다다오(安藤忠雄, 1941-)는 일본의 건축가로, 기하학과 자연이 자연스럽게 어우러지는 건축으로 유명하다. 프랑스건축아카데미 금상, 미국건축가협회 대상 등 다수의 건축상을 수상한 현대 대표 건축가다.

2 에릭 에릭슨(Erik Homburger Erikson, 1902-1994)은 독일 출생의 미국 정신분석학자다. 자아정체성이라는 개념을 개발해 프로이트 이후의 정신분석학을 크게 발전시켰다.

3 자아심리학(自我心理學)은 인간의 타고난 자아를 대상으로 하는 심리학이다. 프로이트는 자아를 외부세계에 의존하거나 초자아에 지배당하는 존재로 설명했다. 하지만 자아를 중심으로 새롭게 등장한 자아심리학은 자아의 자율적인 기능을 강조했다.

4 (사)한국원예치료복지협회,《원예치료사를 위한 원예학》, 부민문화사, 2022.

5 (사)한국원예치료복지협회,《원예치료사를 위한 원예학》, 부민문화사, 2022.

6 고든 올포트(Gordon Willard Allport, 1897-1967)는 하버드대학 교수로 재직한 미국의 사회심리학자다. 독일심리학의 영향을 많이 받았고, 성격심리학의 권위자로 성격심리학, 인격심리학의 창시자로 불리기도 한다.

7 지그문트 프로이트(Sigmund Freud, 1865-1939)는 오스트리아 출신의 심리학자이자 정신병리학자로, 정신분석학의 창시자로 후대의 많은 심리학자들에게 지대한 영향을 미쳤다.

8 유토피아(Utopia)는 현실에 없는 이상향을 말한다. 16세기에 토머스 모

어(Thomas More)가 그리스어의 '없는(ou-)'과 '장소(toppos)'라는 두 말을 결합해 만든 단어다.

9 칠정(七情)은 인간이 가진 일곱 가지 기본적인 욕구 혹은 감정을 말한다. 불교에서는 희로우구애증욕(喜怒憂懼愛憎欲), 유학에서는 희로애락애오욕(喜怒哀樂愛惡欲)으로 조금씩 다르게 이야기한다.

10 의학의 아버지라 불리는 히포크라테스의 '히포크라테스 선서'는 의학 윤리를 담은 선언문으로, 기원전 5세기경 기록된 것으로 알려져 있다. 우리나라에서 의과대학을 졸업할 때도 사용되는 등 전 세계 대부분의 국가에서 활용하고 있다.

11 서정근·이상미,《원예치료 과정의 적용과 실제》, 단국대학교 출판부, 2004.

12 페르소나(Persona)는 본래 연극 배우가 쓰는 탈을 가리키는 말이었으나 점차 한 개인을 가리키는 말로 쓰이게 되었다. 실제 성격과는 다른 한 개인의 모습을 말한다.

13 카를 구스타프 융(Carl Gustav Jung, 1875-1961)은 스위스의 정신과 의사로 프로이트와 함께 정신의학 분야의 개척자로 불린다.

14 자기합리화는 심리학에서 본인의 잘못된 행동이나 실수를 정당화하는 것을 말한다.

15 달란트(Talent)는 원래 한 덩어리라는 뜻으로 무게를 재는 단위인데, 성경에서는 통화의 단위를 넘어 일의 중대성, 각 개인에게 부여한 재능이라는 의미를 가지고 있다.

16 러시안 룰렛(Russian roulette)은 회전식 연발권총에 하나의 총알만 장전하고 참가자들의 머리에 차례로 총을 겨누어 방아쇠를 당기는 게임이다.

17 칼 로저스(Carl Ransom Rogers, 1902-1987)는 미국의 심리학자로 인본주의 심리상담, 내담자 중심의 상담요법, 비지시적 심리상담의 창시자이다.

18 에픽테토스(Epictetos, 55?-135?)는 제논이 창시한 스토아학파의 철학자이다. 마르쿠스 아우렐리우스와 함께 이론적이기보다는 실천철학에 관심이 많은 스토아학파 후기 철학자이다.

19 5현제는 로마제국의 전성시대에 연이어 군림한 다섯 명의 성군을 말한다. 네르바(재위 96~98), 트라야누스(재위 98~117), 하드리아누스(재위 117~138), 안토니누스 피우스(재위 138~161), 마르쿠스 아우렐리우스(재위 161~180)가 여기에 속한다.

20 긍정심리학(肯定心理學)은 인간의 어두운 면보다는 밝은 면을 중점으로 심리적인 문제를 개선하려는 심리학의 한 학파이다. 프로이트의 부정적인 면에 몰입하는 심리학에 반해 생겨났다.

21 실현성향(實現性向, Actualization tendency) 혹은 실현경향성(實現傾向性)은 인간이 자신의 잠재력과 가능성을 실현하고자 하는 천부적 경향을 말한다.

22 가치조건(價値條件, Conditions of worth)은 로저스의 심리학에서 가치 유무를 한 개인이 스스로 판단하고 규정해나가는 조건을 말한다.

23 자기개념(自己槪念, Self concept)은 심리학에서 활용되는 용어로 자기 자신에 대해 스스로 어떻게 생각하고 있는지에 대한 총체적인 자기 인지를 말한다.

24 신자유주의(新自由主義)는 국가권력의 시장개입을 반대하고 민간의 자유로운 경제활동을 중시하는 이론으로, 19세기 후반 영국에서 시작된 전통적 자유주의 이론이 1970년대 후반 이후 부활한 것이다.

25 통각(痛覺)은 유해한 자극이 주어졌을 때 통증을 느끼는 피부 감각을 의미한다.

26 밀턴 에릭슨(Milton H. Erickson, 1901-1980)은 미국 네바다 출신의 심리학자다. 생전에 가장 인기가 많은 심리치료사였다. 무의식의 창의적 사용법을 연구하고 개발한 최면 심리치료 요법의 선구자다.

27 국내에는 알프레드 디 수자(Alfred D. Souza)라는 시인의 시로 알려져 있다. 2005년 류시화 시인이 편집한, 이 시가 담긴 동명의 시집이 발표되어 베스트셀러가 되었다.

28 살바도르 미누친(Salvador Minuchin, 1921-2017)은 아르헨티나 출신의 심리학자로 구조적 가족치료법을 연구하고 개발해 가족 내의 심리적 문

제를 해결하는 데 크게 기여했다.

29 가족치료(家族治療)는 개인의 심리적인 문제가 가족 간의 부적응으로 생긴다는 전제로, 문제 행동을 일으키는 가족 내의 체계를 개선하기 위해 가족 전원 또는 일부 구성원을 심리치료 대상자로 삼는 것이다. 개인의 내면보다 가족 상호 간의 관계를 변화시킨다.

30 (사)한국원예치료복지협회, 《원예치료사를 위한 원예치료와 복지원예》, 부민문화사, 2019.

31 엔트로피(Entropy)는 물질의 열역학적 상태를 나타내는 것으로 다른 말로 무질서라고 한다. 열역학 제2법칙에 의하면 자연 상태에서 무질서도, 즉 엔트로피는 항상 증가하는 것으로 나타난다.

32 앨버트 엘리스(Albert Ellis, 1913-2007)는 미국의 심리학자로, 합리적 정서행동치료를 개발했다. 인지행동치료의 창시자로 1982년 미국과 캐나다의 심리학자들을 대상으로 한 조사에서 칼 로저스에 이어 역사상 두 번째로 영향력 있는 심리치료사로 선정되었다.

33 사회공포증(Social phobia)은 불안장애 중의 하나로 사람들과 상호작용을 하는 데 어려움을 느끼는 질환이다. 가령 사람들 앞에서 망신을 당하거나 실수를 했을 때 불안을 경험한 후, 그와 비슷한 상황을 피하려는 경향성을 가진 질환이다.

34 인지심리학(認知心理學)은 인간이 사고하고 기억하는 정신의 전반적인 과정을 밝히는 과학적·기초적 심리학의 한 분야다.

35 알로카시아는 천남성과의 한 속이다. 열대식물이고 대체로 관엽식물이며, 아시아 열대지방에 약 70종이 분포한다. 잎이 크고 온도가 높은 곳에서 잘 자란다.

36 다육식물(多肉植物)은 사막이나 건조한 날씨에서 살아남기 위해 줄기와 잎에 많은 양의 수분을 저장할 수 있는 식물을 말한다.

37 산화헤모글로빈은 헤모글로빈과 산소 분자의 결합물이다. 산화된 헤모글로빈은 산소 운반능력을 상실해 제 기능을 하지 못한다.

38 알파파는 주파수가 8~13Hz인 뇌파로 명상 상태에서 나타나는 안정적인

뇌파다.

39 조현병(調絃病)은 과거에 정신분열증으로 불렸다. 망상, 환각, 사고 장애 등으로 기이한 행동을 보이는 정신질환을 말한다.

40 (사)한국원예치료복지협회, 《원예치료사를 위한 원예치료와 복지원예》, 부민문화사, 2019.

41 알프레드 아들러(Alfred Adler, 1870-1937)는 오스트리아 빈 태생의 정신과 의사다. 빈 정신분석학회에서 활동한 프로이트 초기 제자 중의 한 사람으로, 프로이트 문하를 뛰쳐나와 자신만의 개인주의 심리학을 창시했다.

42 개인주의 심리학은 아들러가 창시한 심리학으로, 개인은 쪼개질 수 없는 전체이며, 사회 내에서 자신의 목표를 달성하기 위해 노력하는 존재로 행동의 원인보다는 목적을 강조한 심리학이다.

43 프로이트의 정신분석학은 무의식과 결정론이라는 두 가지 개념에 기초한다. 결정론은 인간의 행위를 결정하는 것은 외부적인 조건보다, 어린 시절부터 형성된 개인의 심리적인 내적 조건이라는 것이다.

44 구루병(佝僂病)은 비타민 D의 결핍으로 나타나는 뼈의 질환이다. 뼈에 칼슘이 붙기가 어려워 뼈의 변형이나 성장 장애가 일어난다.

45 피톤치드(Phytoncide)는 나무에서 미생물을 죽이는 작용을 하기 위해 발산되는 물질로, 살균효과가 있다.

46 게슈탈트 심리학(Gestalt psychology)은 정신현상을 개개의 감각적 요소로 나눠 보지 않고, 전체 구조로서의 특징을 갖고 있다고 보는 심리학이다. 베르트하이머(Max Wertheimer), 쾰러(Wolfgang Köhler) 등의 베를린 학파가 창시했다.

47 프리츠 펄스(Fritz Perls, 1893-1970)는 독일 출신의 정신과 의사이자 심리학자, 심리치료사다. 아내 로라 펄스와 함께 게슈탈트 심리치료법을 개발했다.

48 행동주의 심리학은 미국의 심리학자 왓슨(John B. Watson, 1878-1958)이 제창한 심리학이다. 사람의 내면을 중시하는 프로이트의 정신분석학에

반해 드러난 인간의 행동을 관찰함으로써 심리현상을 분석하고자 하는 과학주의 심리학이다.

49 현상학(現象學)은 눈에 보이는 사물 자체의 본질을 중시하는 철학으로 독일의 에드문트 후설(Edmund Husserl, 1859-1938)이라는 철학자에 의해 창시되었다.

50 실존주의(實存主義) 철학은 주체적 존재로서 인간 존재와 현실적 의미를 파악하고자 하는 철학 사조이다. 후설의 현상학의 영향을 받았다.

51 사이코 드라마(Psychodrama)는 1921년 오스트리아의 정신과 의사 모레노(Jacob L. Moreno, 1892-1974)에 의해 창시되었으며, 개인의 갈등 상황을 말이 아닌 연기로 표현해 심리적인 문제를 해결하려는 심리극이다.

52 베르트하이머(Max Wertheimer, 1880-1943)는 독일의 심리학자로 인간의 지각과 사고를 연구해, 경험의 전체성을 강조하는 게슈탈트 심리학을 창시했다.

53 형태주의(形態主義) 학파는 19세기 말엽, 오스트리아와 남부 독일에서 일어난 학파로, 의식을 원자 단위로 쪼개는 환원론적 심리학에 반해 의식의 활동성과 지각의 전체성을 강조한 심리학파이다.

54 구조주의 심리학은 빌헬름 분트가 처음 주장한 것으로 어떤 사물의 의미가 다른 사물들과의 관계에 따라 규정된다는 인식을 바탕으로 개인의 행위와 사고에 대한 총체적인 구조를 밝히려고 한 심리학이다.

55 빌헬름 분트(Wilhelm Wundt, 1832-1920)는 독일의 심리학자, 철학자, 생리학자로, 심리학을 직접적인 경험학문이라고 여겼다. 심리학에 실험과 같은 자연과학적인 방법을 도입해 근대 심리학의 아버지로 불린다.

56 거울 뉴런(Mirror neuron)은 이탈리아의 신경생리학자인 리촐라티(Giacomo Rizzolatti, 1937-)가 1990년대 원숭이에서 발견한 신경세포이다. 타인의 행동을 거울처럼 반영하는 신경 네트워크인데, 원숭이보다 인간이 훨씬 더 많이 발달해 있다.

57 현존(現存)은 철학 용어로 본질적 존재에 대립하는 구체적이고 개별적인 존재를 말한다.

58 거식증(拒食症)은 먹는 것을 거부하거나 두려워하는 병적 증상을 말한다.

59 도그마(Dogma)는 본래 가톨릭 교회에서 교리를 이르는 말이었으나 점차 비이성적이고 맹목적인 주장을 의미하게 되었다. 교조, 독단 등으로 번역된다.

60 매카시즘은 1950년대 초에 공산주의가 확장되는 데 위협을 느끼던 미국 사회 분위기에 편승해 일어난 극단적 반공주의 열풍을 말한다.

61 조지프 매카시(Joseph Raymond McCarthy, 1916-2005)는 2차 세계대전 이후 반공주의 선풍을 일으킨 주인공이다. 1949년 하원의원, 1958년 상원의원을 지냈다.

62 문화대혁명은 중국의 정치 지도자 마오쩌둥이 1966년부터 1976년까지 10년간 전근대적인 문화, 자본주의 문화를 일소시키기 위해 일으킨 사회주의 운동이다.

63 마오쩌둥(毛澤東, 1893-1976)은 중국의 전 국가주석으로 중화인민공화국을 건설한 현대 중국의 아버지라고 할 수 있다. 농업국가였던 중국에서 사회주의 혁명을 성공시켰다.

64 레위기(Leviticus)는 구약성서 중 〈모세오경〉의 하나로 전 27장으로 이루어져 있다. 종교의식, 예배, 일상생활 속 지켜야 할 율법이 기록되어 있다.

65 마하트마 간디(Mahatma Gandhi, 1869-1948)는 인도의 변호사이며 민족해방 운동의 지도자다. 인도 건국의 아버지로 비폭력 무저항 운동으로 20세기의 성자라 일컬어지고 있다.

66 아론 벡(Aaron T. Beck, 1921-2021)은 미국의 임상심리학자로 인지행동치료의 창시자로 불린다.

67 역기능적 신념(逆機能的思考)은 문제 영역에 대해 고정적인 방식으로 부적응적이거나 왜곡된 관념으로 대처하는 것을 말한다. 현실을 부정하고 왜곡하는 경향이 있다.

68 통섭(統攝)은 서로 다른 것을 하나로 묶는다는 의미인데, 학계에서 자연과학과 인문 사회과학을 연결해 통합적인 결과를 만들어내는 범학문 간 연구를 말한다.

69 증산작용(蒸散作用)은 식물의 잎에 있는 기공을 통해 물이 기체 상태로 식물의 바깥으로 빠져나가는 작용이다.

70 피안(彼岸)은 불교 용어로, 현세를 의미하는 차안(此岸)에 상대되는 개념이다. 진리에 도달한 이상적인 경지 혹은 이상세계를 의미한다.

71 투사(投射)는 자신의 욕망, 자신의 감정을 다른 사람의 것으로 지각하는 것이다. 자기가 받아들이기 힘든 부정적인 감정과 사고를 타인에게 전가하는 것이다.

72 미하이 칙센트미하이(Mihaly Csikszentmihalyi, 1934-2021)는 이탈리아에서 태어나 미국에서 활동한 심리학자다. 긍정심리학의 거두로 시카고 대학에서 40년 넘게 심리학 교수로 재직했다. 그의 성인 칙센트미하이는 '칙에서 온 미카엘 천사'라는 뜻으로, 아버지의 고향인 헝가리의 지명(칙)에서 따온 것이다.

73 미하이 칙센트미하이, 《몰입 flow》, 최인수 옮김, 한울림, 2007.

74 유교 오성(五聖)은 성균관과 향교에서 모시는 유학의 다섯 명의 성인, 즉 공자, 안자, 증자, 자사, 맹자를 말한다.

75 맹자(孟子, B.C. 372?-289)는 유학의 창시자인 공자의 제자로, 인의(仁義)와 덕에 의한 왕도정치를 주장한 유교 사상가이다.

76 (사)한국원예치료복지협회, 《원예치료사를 위한 원예치료와 복지원예》, 부민문화사, 2019.

77 신영복(申榮福, 1941-2016)은 전 성공회대 석좌교수다. 조작된 통일혁명당 사건으로 억울하게 수감생활을 했고, 옥중 편지를 엮어 《감옥으로부터의 사색》이라는 책을 펴내며 유명해졌다.

78 석과불식(碩果不食)은 《주역(周易)》 산지박괘(山地剝卦)의 괘사로 큰 과일, 씨 과일은 먹지 않고 남긴다는 의미다.

79 (사)한국원예치료복지협회, 《원예치료사를 위한 원예학》, 부민문화사, 2022.

참고문헌, 더 읽을 거리

개리 비숍.《시작의 기술》. 이지연 옮김, 웅진지식하우스, 2019.

고든 맥도날드.《내면 세계의 질서와 영적 성장》. 홍화옥 옮김, IVP, 2003.

권석만.《현대 심리치료와 상담이론》. 학지사, 2012.

김미영 외.《원예착업치료의 이론과 적용》. 이담북스, 2012.

김정규.《게슈탈트 심리치료》. 학지사, 2015.

김태련·장휘숙.《발달심리학》. 박영사, 1998.

노안영·강신영.《성격심리학》. 학지사, 2018.

마이클 코헨.《자연에 말걸기》. 이원규·박진희 옮김, 히어나우시스템, 2007.

마틴 셀리그만.《마틴 셀리그만의 긍정심리학》. 김인자·우문식 옮김, 물푸레, 2014.

미하이 칙센트미하이.《몰입 flow》. 최인수 옮김, 한울림, 2004.

배르벨 바르데츠키.《따귀 맞은 영혼》. 장현숙 옮김, 궁리, 2020.

브루스 & 바버라 톰슨.《내 마음의 벽》. 정소영 옮김, 예수전도단, 2011.

브린 휴즈.《코칭 멘토링 제자훈련》. 김태곤 옮김, 생명의말씀사, 2007.

사이토 다카시.《곁에 두고 읽는 니체》. 이정은 옮김, 홍익출판사, 2015.

(사)한국원예치료복지협회.《원예치료 입문자를 위한 관련의학 상담심리 사회복지》. 부민문화사, 2020.

______.《원예치료사를 위한 원예치료와 복지원예》. 부민문화사, 2019.

______.《원예치료사를 위한 원예학》. 부민문화사, 2022.

서정근·이상미.《원예치료 과정의 적용과 실제》. 단국대학교 출판부, 2004.
손기철 외.《전문적 원예치료를 위한 평가도구 및 프로그램》. 쿠북, 2007.
수 스튜어트 스미스.《정원의 쓸모》. 고정아 옮김, 윌북, 2021.
S. L. Molen 외.《자연을 통해 성장하기》. 윤경은·최영애·안소정 옮김, 학지사, 2011.
알프레드 아들러.《아들러의 실전 심리학》. 김문성 옮김, 스마트북, 2015.
앤드류 와일.《자연치유》. 김옥분 옮김, 정신세계사, 2005.
에노모토 히로아키.《나를 찾아 떠나는 자기분석여행》. 신정길 옮김, 시그마북스, 2010.
에리카 J. 초피크, 마거릿 폴.《내 안의 어린아이》. 이세진 옮김, 교양인, 2011.
M. 스캇 펙.《아직도 가야 할 길》. 최미양 옮김, 율리시즈, 2023.
예수의 데레사.《영혼의 성》. 최민순 옮김, 바오로딸, 1970.
왕문용.《여자의 말, 남자의 말 그리고 의사소통》. 강원대학교 출판부, 2000.
이부영.《분석심리학 이야기》. 집문당, 2014.
이상미 외.《공동체 활성화를 위한 아파트 텃밭 조성 및 관리·운영 매뉴얼》. 농촌진흥청 국립원예특작과학원 도시농업과, 2020.
______.《텃밭으로 나를 채우다: 중학교 자유학기제 학교텃밭 프로그램》. 농촌진흥청 국립원예특작과학원 도시농업과, 2020.
이은성 외.《고려대평생교육원 복지원예사과정 2020년 1학기》. 고려대평생교육원, 2020.
조성준·이인숙.《아로마 치료》. 학지사, 2006.
주은연.《아동의 창의성 발달을 위한 긍정적 원예치료》. 이담북스, 2010.
질 브리스코.《요나와 꼬마벌레》. 이혜림 옮김, 성서유니온, 2011.
찰스 H. 크래프트.《기독교 커뮤니케이션론》. 박영호 옮김, 기독교문서선교회, 2021.
최영애.《작은 생명이 건넨 위대한 위로》. 예담, 2014.
최창호.《20세기를 빛낸 심리학자》. 학지사, 2000.
칼 로저스.《칼 로저스의 사람-중심 상담》. 오제은 옮김, 학지사, 2007.

칼리 H. 도드. 《문화를 초월하는 역동적 커뮤니케이션》. 임헌만 옮김, 그리심, 2008.

크리스틴 폴. 《공동체로 산다는 것》. 권영주·박지은 옮김, 죠이선교회, 2014.

토니 존스. 《되찾은 영성》. 최요한 옮김, 죠이선교회, 2008.

톰 버틀러 보던. 《내 인생의 탐나는 심리학 50》. 이정은 옮김, 흐름출판, 2008.

피터 톰킨스, 크리스토퍼 버드. 《식물의 정신세계》. 황금용·황정민 옮김, 정신세계사, 1998.

헤르만 헤세. 《정원 일의 즐거움》. 두행숙 옮김, 이레, 2001.

홍대식. 《심리학개론》. 박영사, 1984.

Goulston, Mark. *Just Listen: Discover the Secret to Getting Through to Absolutely Anyone*. Amacom Books, 2015.

Kaplan, Rachel and Stephen Kaplan. *The Experience of Nature: A Psychological Perspective*. NY: Cambridge University Press, 1989.

Marcus, Clare Cooper and Marini Barnes. *Healing Gardens: Therapeutic Benefits and Design Recommendations*. NY: John Wiley & Sons, 1999.

Simson, Sharon Pastor et al. *Horticulture as Therapy: Principles and Practice*. CRC Press, 2003.

에필로그: 친구야, 나는 바람

친구가 보낸 위로의 글로 에필로그를 대신해본다.

윤성민

바람은 때론 바꾸기 위해 부는 것,
그렇기에 나무는 굽히고, 잎은 흩어지곤 하지.
하지만 그 바람 덕분에,
세상은 새로운 공기를 마실 수 있어.

친구야, 너는 그런 바람이 아닐까?
변화를 추구하는 너의 노력 앞에서,
많은 사람들은 불편함을 느낄지도 모르겠지.
그들의 부딪힘은 너의 힘을 시험하는 것,
하지만 그 풍파 속에서도 네 의지는 꺾이지 않을 거야.

변화를 두려워하는 사람들의 눈물은,
기존의 세상을 잃어버릴까 봐 보이는 두려움의 증거.

그러나 너의 바람은 결국 그들에게도
새로운 시작, 새로운 기회를 가져다줄 거야.

변화의 바람 앞에서는 많은 것들이 깨어지겠지만,
그 파편들 속에서 더욱 빛나는 보석들이 탄생할 테니.
그 보석은 두려움이 깨져 나온 새로운 희망.

너의 추구하는 길에 미움과 저항이 있을지라도,
너의 바람이 세상에 새로운 희망을 불어넣어 줄 거야.

네가 바라는 세상으로 세상이 나아가길,
나는 바람.

한성주

1974년 부산에서 태어나 서울 여의도에서 자랐다. 고려대학교 정치외교학과를 졸업하고, 동 대학원에서 국제관계 전공으로 석사를 마쳤으며, 그 이후 하와이대학교에 전액장학생으로 수학하면서 〈한국 역대 대통령의 리더십에 관한 연구〉 논문을 발표하기도 했다.

우리에게 미스코리아 출신 방송인으로 더 잘 알려져 있는 저자 한성주는 그동안 일반에 잘 알려지지 않았지만 사실 상담학과 원예치료를 전공한 원예치료 심리상담사이면서 사회봉사활동가이다. 우연한 기회에 상담, 심리치료, 인간 회복 등에 관심을 갖게 되었고, 심리학에 심취해 30대 이후 숭실대학교 대학원에서 상담복지를 전공하고, 단국대학교 대학원에서 원예치료 전공으로 박사를 마친 이후 대학 강의를 하며 심리학도로서의 길을 걸어왔다.

저서로는《한성주의 꿈에 투자하라》(한스컨텐츠, 2009)가 있으며, 〈남북경협에 있어서 기업·국가 관계 분석: 금강산 관광산업 추진과정을 중심으로〉(고려대학교 석사학위논문, 2002), 〈한국 역대 대통령의 리더십에 관하여〉(The University of Hawaii, 2002), 〈긍정원예치료프로그램이 여성노인 '삶의 질 향상'에 미치는 효과〉(단국대학교 박사학위논문, 2016), 〈긍정적 원예치료가 여성노인의 자아존중감, 성격, 재능에 미치는 영향〉(인간식물환경학회, 2017) 등의 논문이 있다.

독실한 크리스천이기도 한 저자는 본인이 방송인으로서 사회생활을 하면서 겪은 경험과, 지난 30여 년간 사회봉사활동가로서 국내외 봉사활동 현장에서 체험한 일화, 그리고 본인이 신앙인으로서 또 원예(심리)치료사로서 현장에서 경험한 원예치료 등을 종합하여, 본인의 생각과 현대 심리학의 이론을 접목한 본서를 출간하게 되었다.

이 책은 현대사회에서 경쟁적인 삶을 살며 피폐해진 현대인의 마음을 어떻게 스스로 치유하고 회복하는가에 대한 길을 안내할 뿐만 아니라, 우리가 미디어를 통하여 피상적으로 만들어진 한성주라는 방송인의 이미지와는 또 다른 인간 한성주의 내면 깊은 곳에 자리한 가치관과 삶의 철학을 이해하게 해준다.